I0198445

www.ingramcontent.com/pod-product-compliance
Lightning Source LLC
Chambersburg PA
CBHW030943150426
42812CB00065B/3107/J
* 9 7 8 9 1 7 6 3 7 5 5 5 6 *

آغوش پدر خانه‌ی فراموشی‌هاست

آغوش پدر خانه‌ی فراموشی‌هاست

رباب محب

گروه انتشارات آزاد ایران

رباب محب

آغوش پدر خانه‌ی فراموشی‌هاست

تاریخِ نگارش: ۲۰۰۹ میلادی برابر با ۱۳۸۸ خورشیدی

گروه انتشارات آزاد ایران ـ سوئد

Published by Iran Open Publishing – A Wsiehouse Imprint

www.iran-open-publishing.com

ISBN 978-91-7637-555-6

© Wisehouse 2019

۲۰۱۹ میلادی - ۱۳۹۷ شمسی

©کلیه‌ی حقوق برای ناشر محفوظ است. تهیه‌ی هر گونه اثر از متن این مجموعه و یا بخشی از آن چه در ایران و چه در خارج از ایران طبق قانون کپی‌رایت ایران و کپی‌رایت بین‌المللی منوط به اجازه‌ی کتبی گروه انتشارات آزاد ایران است.

شیرین از خواب بیدار می‌شود، مثلِ همیشه دمق و بی‌حوصله. او این روزها حوصله‌ی خودش را هم ندارد، چه رسد به دیدنِ ریخت و قیافه‌ی خانم شیشه. با این وجود بلند می‌شود و به حمام می‌رود. با عجله دوش می‌گیرد. لباس می‌پوشد و صبحانه نخورده، به راه می‌افتد. ساعت دوازده ظهر است و تا یک‌ساعت دیگر باید...

باید چی؟ برود؟ کجا؟

کجا با این عجله شیرین خانم؟ تو داری به طرفِ قبر میری. با این پاهای ورم کرده و بی‌جون. بدبخت، تو با این کار داری گورِ خودت رو می‌کنی... شیرین خانم... با دستِ خودت؟ بشکنین ای دستای لعنتی، که فقط واسه گورکنی خوبین. هرچی می‌کشم از دستِ شما می‌کشم... کجا؟ کجا با این عجله شیرین خانم؟ با این پاهای ورم کرده. حالا هی بیا، برو بگو درد دارم. طاعون بود این مرد خواستی از دستش خلاص بشی؟ حالا هی بکش. حالا هی درد بکش، بگو *آی* درد...

آخه زن، دندونت درد می‌کرد که کندی انداختی. سرت درد می‌کرد؟ زدی شکستی. چِت بود؟ دلت، کمرت معده‌ت، جیگرت، نَفَست؟ نَفَست بود درد می‌کرد؟ و این روده‌های نصفه‌ات، اینا چرا نصفه شدن؟ با دستِ خودت نصفشون کردی؟ و حالا... حالا داری کجا میری با اون پاهای ورم کرده؟ سرِ گورت، گور به گور شده... شیرین... خانوم... حالا با این عجله کجا خانم؟ با اون زخمای بی‌درمونِ پا؟ پادرد؛ دردِ بی‌درمون.

درد در کف پاها می‌پیچد و نفسِ او را می‌بُرد. دست را روی سینه می‌گذارد و به خود می‌گوید؛ آی... کو دیگه نفس... پیر شدی، زن.

پدرت که رفت... بی‌شوهر که شدی... بی‌کس و کار که شدی. خُب ذلیل مرده، دیگه ایران رفتنِت واسه چی بود؟ که...

دیدی چطوری با دستای خودت خاک ریختی روش؟ پدر... دردِ بدیه دردِ بی‌پدری. و این دردِ در به دری. دردِ پول گدایی کردن؛ دردِ بی‌پولی، در حالی‌که هنوز داری لای زرق و برق نفس می‌کشی. عجب دردیه این درد. دردِ دردهاست این درد. دردِ روحه این درد. روحِت درد میکنه شیرین؟ درد روح داری شیرین خانم؟ کاش می‌تونستم بگم گورِ پدرت درد. هر چه هستی، باش. فقط گورِ پدرت!

حال اخطار یک رنگ دارد؛ رنگِ خانم شیشه. حرف *فقط* حرفِ خودشه؛ اخطار، اخطاره. بی بُر وُ برگرد؛ همیشه با همان معنا، با همان خاصیت، با همان آب وُ رنگ؛ رنگِ زنگ، زنگِ خطر است اخطار.

زنگِ خطر از کفِ پاهای شیرین نواختن می‌گیرد و تا مغزِ سرش می‌رسد. آهسته زیرِ لب می‌گوید: وقت تنگه. بدو! گورِ پدرِ زخم و زخمِ پا. به خانومِ شیشه برس که نونت اون جاس. وسلام.

شیرین، با تمامِ زیرکی؛ هدیه‌ی مادری، و با تمامِ افاده؛ ارثِ پدری، معنیِ اخطار را نمی‌فهمد. شلوارِ مشکیِ اِن کُی‌اش♠ را می‌پوشد و یک بلوز یقه‌اسکی خاکستری رنگِ ساده. کفش ورزشی پا می‌کند. کیفی می‌اندازد را روی شانه و به راه می‌افتد.

به سختی خود را به جلو می‌کشد، کفش‌ها به پایش تنگ شده‌اند. *کارِ گورتوناست، باد کردن*. به اداره‌ی بیمه می‌رسد. نفسی تازه می‌کند و درِ شیشه‌ای را فشار می‌دهد. آن‌سوی در زنی پشتِ

♠ NKمغازه‌ای در سوئد

گیشه‌ی شیشه نشسته و منتظرِ اوست. فقط چشم‌هایش را می‌بیند؛ دو عدسیِ شیشه‌ای درتاریکی عمودی باز می‌شوند.

نزدیک می‌شود. سلام می‌دهد. صندلی؟ برمی‌گردد به پشتِ سرش نگاه می‌کند. صندلیِ فلزی نقره‌ای رنگی کنارِ آسانسور می‌بیند. می‌رود و صندلی را می‌آورد. زن اعتراضی نمی‌کند. می‌نشیند. کیف را از روی شانه پایین می‌آورد تا نامه را بیرون بیاورد. ناگهان چشمش به مارکِ کیف می‌افتد: دیدی چی شد؟ دیدی چه بی‌دقتی‌ای کردم... چرمِ اصل، مارکِ دُلچه وُگابانا... خداکنه چشمِ خانوم نیفته به کیف. زن، آخه می‌خواستی بری عروسی، با این کیف برداشتنِت؟ اوه... نیگا کن... تورو به خدا به رنگِش نیگا کن؛ یه تیکه خورشیده... مثلِ آفتاب ظهرِ تابستون، چشمامِ آدمو می‌زنه. حالا حداقل اگه رنگِش به لباسام می‌خورد یه چیزی. زردِ پوست پلنگی، زردِ خورشید اسکاندیناوی؟ توی یه ظهرِ گرم ماهِ ژوئن. از اونِ ژوئنایی‌که جونِ آدمو بالا میاره از گرما. گرما؟ کدوم گرما؟ مگه اصلاً خورشیدی هم بالا اومده... نیگا کن! نیگا کن، سرش پایینه و داره به نامه‌ات نیگا میکنه. و تو هم با این کیف، مثلِ گُه. باید سیاه می‌بود. سیاهِ بخت زغالی. مثلِ خودت.

زن لبخندی می‌زند. نگاهِ شیرین از کیف می‌چرخد به سمتِ صورتِ زن.

چه رنگ‌پریده‌اس با اون لبخندِ مصنوعیش. اینا همه‌شون همین‌طورن، معلوم نیست پشتِ خنده‌شون چی قایم کردن. یه مار؟ زهرمار بگیری خانوم با اون پوستِ پیازیت. خلاصم کن برم تا اون چشای شیشه‌ای به کیف نیفتاده. لعنتیا چه برقی دارن.

"آره. درسته. دُرُس فهمیدی. پولِ بیمه قطع شده. دیگه بهِت تعلّق نمی‌گیره."

"چرا؟ من‌که خودمو به اداره‌ی کار معرفی کرده بودم."

"واسه این‌که جوابِ نامه رو به موقع ندادی."

"ایران بودم."

"باید به ما اطلاع می‌دادی. حالا چند وقت ایران بودی؟"

"سه ماه."

"سه ماه؟"

"پدرم فوت کرده بود."

"عجب!"

"عجیب، خانوم! نه عجب! سالم بود مثلِ دسته‌ی گل."

"آخه امروز هر کی میاد این‌جا همینو میگه. تو سوّمین نفری. خُب... حالا چند دقیقه صبر کن!"

خانم شیشه از روی صندلی بلند می‌شود، پشتِ دیواری از دیدرسِ شیرین دور می‌شود. بعد از رفتنِ خانم شیشه چشم‌های شیرین در نقطه‌ای از حرکت می‌ایستند. انگار روبه‌روی تلویزیون نشسته و برنامه برای چند دقیقه قطع شده‌است. خش‌خشی در سرش می‌پیچد. گویی صدا از آن‌سوی شیشه می‌آید. یا شاید شیرین این‌طور فکر می‌کند. صداها و تصویرهای درونی بیرونی شده‌اند، و بیرونی‌ها درونی. به سرش، به دلَش، به زیرِ پوستَش نقب زده‌اند؛ صدای زنِ همسایه است در بالکنِ خانه ایستاده و گربه‌هایش را صدا می‌زند: کریستین دیور. (نامِ عطرِ اوست، فرهاد برایش از فرانسه آورده.) الکساندر مک کوئین (مارکِ پالتوی اوست. فرهاد در سفر... نامِ کشور یادش نمی‌آید. از مزُنِ... نامِ مزُن را به خاطر نمی‌آورد). نر و

ماده‌ان و یه ماهه تمومه که هی دائماً پشتِ کونِ هم موس موس می‌کنن.

کارین، زنِ همسایه همیشه حرفی برای گفتن دارد؛ یا از سکس می‌گوید یا از گربه‌ها و مجله‌هایش. و همیشه بعد از یک سلامِ خشک و خالی:

"نژادِ این یکی ایرونیه. تازه خریدمِش. میدونی چند؟ ده هزار کرون... میخوام اسمش رو بذارم مارمارونگی♣. میدونی کیه؟ قشنگ‌ترین مانکنِ دنیا. دیدیش؟"

"نه. کجا؟"

"توی آمِلیا♦."

"آمِلیا کجاس؟"

"آمِلیا جا نیس. یه مجله‌اس. واسه خانوما. میخوای بخونی؟ اگه میخوای میتونی ازم قرض بگیری."

"مرسی. بعداً. حالا عجله دارم، باید برم."

شیرین حوصله‌ی حرف ندارد. این روزها یاد گرفته‌است بگوید وقت تنگ است و باید برود. و می‌رود. بدون خداحافظی. راه او را با خود می‌برد. و صدای نازکِ کارین. به اداره‌ی بیمه رسیده‌است. زنگِ صدا بالاست. رهایش نمی‌کند. در سر، زیرِ پوست، در گوش زنگ می‌زند: قشنگ‌ترین مانکنِ دنیاس... زیر لب می‌گوید: کارینِ لعنتی، حالا وقتِ حرف زدن بود؟ که با صدات بیای تا اداره‌ی بیمه؟

♣Marmarongui

♦Amelia

این‌روزها خوراکِ شیرین شده‌است فکر و خیال. فقط دارد با خودش کلنجار می‌رود. حالا ناگهان صدای عبورِ ماشین‌ها از لاله‌ی گوش‌ها عبور می‌کند. از سر می‌گذرد. به مغز نفوذ می‌کند. تا مغزِ استخوان را خراش می‌دهد. و ستونِ فقرات را. از آن‌جا می‌گذرد به زیرِ پوست می‌رسد و تنِ او را به رعشه می‌آورد.

چرا امروز همه‌ی ماشینای عالَم از این خیابون ردّ می‌شن؟ از دَم با صدایی مثلِ صدای ترمزِ ماشینِ فرهاد. مرسدس بنز ۶۳CLS. و رنگِ همه مشکی، مثل شبِ بی‌ستاره‌ی استکهلم در ماهِ نوامبر. *چرا امروز همه‌ی ماشینای عالَم جلوی خونه‌ی ما پارک می‌کنن. دُرُست مقابلِ درِ گاراژِ این خونه‌ی ویلاییِ لعنتی. توی این خیابونِ لعنتی. بی‌اِنگس‌وِگن*فرهاد که خیلی وقته بنز رو فروخته و حالا یه فراری F FI ۳۰ خریده. از کمپانی اُوردش. خودش گفت. امّا امروز چرا هی با همون مرسدسه میاد؟*

گونه‌های شیرین از اشک خیس می‌شوند. روی خیسیِ گونه‌ی سمتِ راست فرو لغزیدنِ مژه‌ای را حسّ می‌کند. دستِ راست را آرام می‌برد به طرفِ مژه. نوری از سر تا برجستگی شکم تابیدن می‌گیرد. کمی گوشت آورده. از روزی که کارش شده روبه‌روی تلویزیون نشستن و تخمه شکستن. تخمه‌ی اعلا. خودش از ایران آورده. کهنه و پوک نیستند مثلِ تخمه‌های مغازه‌ی سامان.

صدای گرمِ پدر را به وضوح می‌شنود "شیرین دخترم تُو دلِت یه آرزو کن. "روی زانوهای پدر نشسته. دوست دارد پدر هرگز از خانه

---

*Byängsvägen

بیرون نرود تا هر قدر دلش خواست بر کولِ او شترسواری کند. در دل آرزو می‌کند پدر شتر بشود. شترِ لاما. بی‌کوهان. که بشود راحت سوارش شد. حالا صدای پای کودکی می‌آید. "اگه گفتی مژه روی کدوم گونه‌تِه؛ راست یا چپ؟"

می‌ترسد اشتباه کند و پدر هرگز شتر نشود. یا شاید پدر شترِ دو کوهانه بشود و نشود روی کولِ او نشست. پس دو دست را با هم بالا می‌آورد و در دو طرفِ صورتِ پدر نگاه می‌دارد و به چشم‌هایش خیره می‌شود. آن‌قدر خیره تا عکسِ مژه را در چشم‌های پدر می‌بیند:"فهمیدم. ایناهاش. طرفِ راسته."

مژه را از روی گونه برمی‌دارد و به پدر نشان می‌دهد. "دیدی راست گفتم! پس حالا باید تا روزِ قیامت بشی شتر. اونم یه کوهانه."

پدر ولی وقت ندارد. او هیچ‌وقت وقت ندارد. همیشه عجله دارد و باید برود. امروز هم تا یک ساعتِ دیگر باید فرودگاهِ مهرآباد باشد. چون باید به پروازِ تهران لندن برسد. "دخترم، قول بده دخترِ خوبی باشی و مامانو اذیت نکنی. تا یه هفته دیگه برمی‌گردم با یه دونه باربیِ موبور وُ خوشگل. قول میدم اون وقت بشم یه شتربی‌کوهان. یه دونه از اون راست راستیاش. وقتی برگشتم. حالا دیگه باید برم. بوس. بوس."

خانمِ شیشه برمی‌گردد. شیرین، تا ده دقیقه‌ی پیش فقط چشم‌های زن را دیده بود. امّا حالا موهای زردِ طلایی را می‌بیند. در دل می‌گوید. "عروسکِ باربیه. سوغاتی آقاجون. سوغاتی فرنگ. با قد و قامتی بزرگ‌تر. خانم شیشه چتری‌ها را به کناری می‌زند. بدونِ این‌که به شیرین نگاه کند می‌گوید: "پرسیدم. نمی‌شه. خیلی متأسفم ولی برای این سه ماه پولی در کارنیس. قانونه. قانونِ بیمه‌اس. واسه همه هم یکسان. باید دوباره تقاضا کنی. گواهی پزشک هم لازمه."

شیرین شنیده‌هایش را باور نمی‌کند. زیر لب می‌گوید: "باید یه کسی پشت اون دیوار کوکش کرده باشه. مرده شور اون صدای زیر و نازک. صدای باربیِ من خوش بود. مثلِ آوازِ پرنده..."

زن طوری به شیرین خیره نگاه می‌کند که انگار آن چشم‌های شیشه‌ای جان دارند. ولی ندارند. او حتی پلک هم نمی‌زند. این شیرین است که خیال می‌کند زن پلک می‌زند. نه، زن پلک نمی‌زند. چشم‌های شیشه‌ای به یک نقطه خیره مانده‌اند. به درِ خروجیِ اداره. باید برود. او همین حالا باید برود. چون نوبت بعدی رسیده‌است. امّا نمی‌رود. اگر برود، کجا برود؟ پس می‌ماند و ناله می‌کند. می‌ماند و التماس می‌کند. می‌ماند و اصرار می‌کند: "ببخشید خانم..." حرفش را می‌خورد. زن همان‌طور خیره به در نگاه می‌کند. شیرین پس از یک مکثِ کوتاه می‌گوید: "گواهی پزشک دیگه واسه چی؟ چند دفعه باید برم دکتر و بگم گواهی میخوام؟"

"هر چند دفعه که لازم باشه. و الان لازمه. قانون میگه. هربار این تقاضانامه روپر می‌کنی باید همه‌ی مدارکِت رو هم آپدیت کنی."

"خانم شما خیال می‌کنین با این وضع به این زودی‌ها سالم میشم؟ شما فقط می‌خواین کارِ منو عقب بندازین."

"نه. شِرن. این‌طور نیس! حالا خداحافظ. دیگه باید به نفرِ بعدی برسم."

دلش می‌خواهد به خانمِ شیشه بگوید: "چند بار به شما بگم اسمِ من شیرینه، نه شرن؟" امّا چیزی نمی‌گوید. فرمِ درخواست را از دستِ خانمِ شیشه می‌گیرد. همان فرمِ قبلی است، تا حالا سه بار پر کرده‌است. "نمیشه حالا کپیِ گواهی پزشکی، از همون قبلیا روش بذارین خانم... و کارِ منو جلو بندازین؟"

"متأسفم شرن. اگه می‌تونستم حتماً این کارو می‌کردم، ولی این من نیستم که تصمیم میگیرم. خودت می‌دونی."

"نه نمیدونم. من فقط میدونم واسه این شندرغاز پول که خرج خوراکم هم نیست، باید حالم ازین هم که هست بدتر بشه."

"می‌فهمم شرن. آروم باش شرن. دُرُس میشه."

"چی؟ حالِ خودم؟ وضعِ..."

"خب شرن... تقصیرِ خودته که به اداره‌ی بیمه خبر ندادی میخوای بری ایران. مگه دکترت بِهِت نگفته بود؟"

"چرا. "

"خُب پس چرا به ما خبر ندادی؟"

"وقت نداشتم. پدرم روزِ مُردنش رو از قبل بِهِم خبر نداده بود، خانم... تازه با سفارت هم مسئله داشتم. خانم. مهلتِ پاسپورتم تموم شده بود، خانم، گفتن برو شوهرتو بیار زیرِ فرم درخواستِت رو امضا کنه. خانم..."

"امضا؟ واسه چی امضای پدر... شوهر؟ دیگه؟"

"چی بگم خانم؟ بله امضا."

"خُب نمی‌شد امضا کنن؟ یکی‌شون که می‌تونست."

"کی؟ بابام یا شوهرم؟ شما که می‌دونین بابام اونورِ دنیا، تو ایران عمرشو به شما داد و رفت، از شوهرم هم که جدا شدم. حالا بیام بعد از دو سال بِرَم بگم بیا؛ جنابِ شوهرِ سابق، بیا زیرِ این برگه رو واسم امضا کن؟"

"خُب بِهِشون می‌گفتی جدا شدی."

"گفتم. ولی جدایی سوئدی اعتبار نداره."

"عجب!"

"نه خانم عجیب. واقعاً عجیبه که زنِ ایرانی هیچ وقت بالغ و عاقل نمیشه و عجیب‌تر اینکه قانونِ جدایی با قانونِ جدایی فرق داره."

"می‌فهمم شرن... می‌فهمم."

"خُب... پس؟"

"پس مدارکِت رو کامل کن بفرس. حالام نوبتِ بعدی رسیده. خداحافظ شِرِن. همه چیز دُرُست میشه. خداحافظ."

شیرین به شیشه‌ی گیشه نگاه می‌کند. مثلِ آینه می‌درخشد. مژه آن‌جاست، روی گونه‌ی سمتِ چپ. "چی؟ من که برِش داشته بودم. مطمئنم سمت راست بود." سیاهیِ موهای بلند روی شانه و سیه‌چردگیِ چهره، توی شیشه‌ی گیشه انعکاسِ عجیبی دارد. توی آینه‌ی حمامِ خانه مات می‌زنند؛ هم موها، هم پوستِ صورت. به خانمِ

شیشه نگاه می‌کند، بعد به شیشه‌ی پاک و درخشانِ گیشه. شیرین را می‌بیند. موها و پوست صورت هر لحظه سیاه و سیاه‌تر می‌شود. موها و پوستِ خانمِ شیشه زردتر و بی‌رنگ‌تر. " نیگاش کن، مثلِ یه جسد می‌مونه، یه جسدِ متحّرک. سرد و بی‌احساس، مثلِ سنگ."

"خانم عزیز! میدونی مُردنِ پدر یعنی چی؟"

"بله می‌دونم. پدرِ منَم مرده."

"خدا بیامزدش."

"راحت شد. سرطان داشت."

"سرطان؟ سرطانِ چی؟"

"پروستات."

"آهان! خیلی درد کشید؟"

"شِرِن... خداحافظ، شِرِن."

شیرین دوباره به شیشه‌ی گیشه خیره می‌شود و زیرِ لب آهسته می‌گوید: "مرگ با مرگ فرق داره. تو حتماً هر روز پدرتو می‌دیدی. اما من چی؟ دو سالِ آزگار دنبال پاسپورت گرفتن دویدم تا از دنیا رفت."

"شرن، متأسفم وقتِ تو تموم شده. اینقده سخت نگیر و خودتو اذیّت نکن و به جای این‌جا ایستادن میتونی هر چه زودتر بری مدارکِ رو تکمیل کنی وُ بفرستی تا اقدام کنیم. درست میشه، قول می‌دم. فقط یه کمی وقت می‌بره."

"خانم عزیز اصلاً شما میدونین سرطان داشتن یعنی چی؟"

"شرن... گفتم که می‌فهمم، ولی این قانونه که نمی‌فهمه. تازه شانس آوردی سرطانِت خطرناک نیست. باید خوشحال باشی مگه نه؟"

"شانس؟ باید نصفِ روده‌های جراحی‌شده‌ام رو می‌آوُردم می‌ذاشتم روی میزِ شما تا بفهمید چی میگم. اما خُب خانم، حالا شما میگین چیکار کنم؟ التماس کنم؟ چاپلوسی کنم؟ منّت بکشم؟ خانم، شما میگین چیکار کنم؟"

"هیچی... نه التماس لازمه، نه چاپلوسی و منّت. قانون، قانونه. استثناء نداره. گفتم که فقط کافیه این فرم رو پرکنی و یه گواهی پزشکی بگیری که نشون بده بیماری. یه گواهی از اداره‌ی کار که نشون بده تو تقاضای کار دادی. و چند خطّ نامه. و بعد همه رو توی یه پاکت بذاری و بفرستی واسه ما... همین."

"نامه... نامه دیگه واسه چی؟"

"که توضیح بدی چرا به اداره‌ی بیمه خبر ندادی می‌خواستی بری ایران. یادت باشه شِرِن، ما تا حالاشم با تو خیلی کنار اومدیم..."

حال دیگر به خانمِ شیشه گوش نمی‌دهد. فُرم را در کیف می‌چپاند و از اداره‌ی بیمه می‌رود. به کجا، نمی‌داند. هنوز چند قدم نرفته‌است که می‌ایستد. انگشترِ برلیان را از جیب درمی‌آورد و به انگشت می‌کند. بدون این انگشتر برهنه و لخت است، چیزی کم دارد. مطمئن است مینو اشتباه می‌کند. صدایش را به وضوح می‌شنود. "شیرین، تو داری خودت رو گول می‌زنی. خیال می‌کنی میتونی آدما رو با این انگشتر وُ این ماشین و این سر و وضع، گول بزنی؟ بفروشِشون دردی از دردات رو دوا کن یا حداقل این حلقه رو بذار انگشتِ دستِ راستِت."

صدای خودش را می‌شنود. "مینو داری اشتباه می‌کنی. بیست و پنج ساله که با این انگشتر نفس کشیدم."

صدای مینو را می‌شنود به کنایه می‌گوید: "نفس کشیدم یعنی چی؟ آدم به هر وضعی عادت میکنه. نیگا کن به من؛ با دوتا لیسانس و یه فوق لیسانس دارم کونِ پیرزنا و پیرمردای سوئدی رو می‌شورم. خُب آدم باید قبول کنه که زبانِ سوئدیش به حدّی نیست که بره بشه وکیل دادگستری. آدم که نمی‌تونه بشینه وُ دست رو دست بذاره و منتظر بشه دولت سوئد بیاد بگه: دستم به دامنِت بیا بزرگی کن و به ما خدمت کن، ما به تو اینو می‌دیم و اونو میدیم، بیا خانم بفرما این هم دفتر وکالت. نه این‌طوری نمیشه. باید قبول کنیم خارجی هستیم. وسلام. نقطه. تمام."

دوباره صدای خودش را می‌شنود. "ولی قبول کن مینو وضعِ من با تو فرق داره، یعنی داشت. من یه عمری توی همین مملکت سوئد شاهی کردم. توی همین خونه. خُب... اگه خانواده‌ی فرهاد زندگی ما رو سیاه نکرده بودن... بعضی وقتا فکر می‌کنم اشتباه کردم از فرهاد جدا شدم. میدونی؟ حتی دیگه نمی‌تونم به مردی نیگا کنم. فکر نمی‌کنم هیچ مردی بشه فرهاد.

مینو می‌خندد. موجی از تمسخر از لای دندان‌های خرگوشیِ مینو به بیرون می‌جهد. "از کجا می‌دونی؟ مگه تا حالا با چند مرد بودی؟

صدای گلایه‌آمیز شیرین بالا می‌گیرد."نخند مینو! میدونم دارم چی میگم. تو شاید باورت نشه، صبحِ همون روزی‌که طلاق‌نامه رو امضا کردم با هم عشقبازی کرده بودیم. نمیدونی چه لذّتی داشت. مثلِ بار اوّل بود. اوّلین باری که فرهاد و من... میدونم الان می‌پرسی

پس چرا جدا شدی؟ گفتم که خانواده‌ی فرهاد زندگیم رو سیاه کردن..."

شیرین هوس می‌کند سیگاری روشن کند. پیشترها فقط در جشن و عروسی سیگار می‌کشید. هر کس او را می‌دید با تعجّب می‌گفت: "شیرین خانم ما نمی‌دونستیم شما هم دودی هستی؟" جواب می‌داد: "دودی نیستم، فقط وقتی پارتی مارتی‌ای تو کار باشه هوس می‌کنم دودی بشم."

دوری در مرکزِ خرید می‌زند. واردِ *هم‌شاپ*♣ می‌شود. پاکت سیگار می‌خرد و از مغازه می‌آید بیرون. زنی مست در گوشه‌ی میدان تکیه داده به دیوار سیگار می‌کشد. به طرفِ زن می‌رود. از زن می‌پرسد آیا اجازه دارد سیگارش را با سیگارِ او روشن کند. زن به او نگاه می‌کند. لبخندِ کجی بر لبانش نقش می‌بندد. "سیگار، که سهله دخترجون... دنیا رو هم میتونی باش روشن کنی. بیا. بیا دختر جون، با این یکی دنیا روشن‌ترتر...تر میشه."

زنِ مست بطری عرق را به طرفِ شیرین تعارف می‌کند. "بفرما. یه قُلپ." امّا بطری را به دهان می‌برد و می‌گوید: "عجب شانسِ گُهی. ته‌ش بالا اومده. بیا سیگارم مالِ تو، اما درعوض ازت میخوام بری سیستم♦ یه دوتا از این بطریا واسه‌م بیاری."

زن با لهجه‌ی فنلاندی حرف می‌زند و پشتِ سرِهم سکسکه می‌کند. شیرین سر را خم می‌کند تا سیگار را روشن کند ناخن‌های بلند زن را می‌بیند. از چرک و کثافت سیاه می‌زنند. نزدیک‌تر

♣Hemköp یک فروشگاه زنجیره‌ای

♦System عرق‌فروشی

می‌شود، بوی تعفن به تک تکِ سلول‌هایش رسوخ می‌کند. با خود می‌گوید: "سوئد عوض شده. سوئد، سوئدِ چهل سال پیش نیست، اون وقتا آدم این‌همه مست نمی‌دید... اما حالا... حالا هرجا بری یه چند تایی از اینا دور وبرت وول میخورن."

شیرین از زنِ مست تشکر می‌کند و چند قدم آن‌طرف‌تر سیگار را بر پایه‌ی تیرِ چراغ برق خاموش می‌کند، می‌اندازد توی سطل آشغال و به راهَش ادامه می‌دهد. احساس غربتی عجیب می‌کند. رنگِ شهر، رنگِ در و دیوار، رنگِ همه چیز عوض شده است. *سوئد... سوئدِ سی سال پیش نیست. سوئدِ دیروز هم نیست.*

مینوی فکر باز می‌گردد. با همانِ نگاهِ قبلی، این بار شانه به شانه‌ی مارتین. "راس میگه با مارتین خوشبخته؟ یا تظاهر به خوشبختی میکنه؟" ناگهان تصمیم می‌گیرد به مینو زنگ بزند. تلفنِ همراه را از کیف بیرون می‌آورد. شماره‌اش را می‌گیرد. صدای خشک و یکنواختِ پیام‌گیر از او تقاضا می‌کند پیغام را به دست آن جعبه‌ی نامرئی بسپارد. "مینو ، من توی سنترومم♣. اگه وقت داری بیا فیکا♦ کنیم. منتظرتم. بام تماس بگیر. اگه همین حالا به پیغام گوش دادی... وگرنه... وگرنه نمیدونم میخوام چه خاکی به سرم بریزم. توی این سنترومِ لعنتی، پرنده هم پر نمیزنه. خداحافظ. شیرین."

تلفن را طوری با احتیاط در جیبِ پالتو جا می‌دهد تا دکمه‌ها از تماس‌های ناخواسته در امان بمانند.

♣ centrum مرکز خرید

♦ fika فعل. قهوه یا چای نوشتن

می‌دونم مینو خانم! تا پیغام رو بگیری میگی: شیرین گُله، اولاً سنتروم نه مرکزخرید، دُوماً فیکا نه، قهوه خوردن یا به کافه رفتن، یا یه گوشه‌ای نشستن و چای یا قهوه خوردن... سوماً باز چی شده دختر؟ منم بهت میگم: اولاً سِنتروم و فیکا رو واردِ فارسی می‌کنیم، چون هم بهتره. هم آسون‌تر، تامرکز خرید و قهوه خوردن و به کافه رفتن... دُوماً بگو چی نشده؟ سوماً حرف بی‌حرف. خودت رو برسون این‌جا، که دارم از تنهایی خفه میشم.

دورِ خودش چرخی می‌زند. به طرفِ درِ ورودی مرکز خرید می‌رود: تِبی سنتروم♣. روزهای عادی: (امروزچه روزیه؟ یه روزِ غیرِعادی؟)، بوتیک‌ها: ۱۰ تا ۱۹. سوپرمارکت‌ها: ۹ تا۲۰. (پس خواربارفروشا چی؟) شنبه‌ها: بوتیک‌ها: ۹ تا۲۰. سوپرمارکت‌ها ۹ تا ۱۹ (لبخند می‌زند) یک‌شنبه‌ها: بوتیک‌ها: ۱۱تا ۱۷. سوپرمارکت‌ها: ۱۰تا۱۸. (یک‌شنبه‌ها روز حسنی. اگه حسنی سوئدی بود و به مکتب نمی‌رفت و وقتی هم می‌رفت روزِ یک‌شنبه می‌رفت؛ به گفته‌ی مینو.)

به تِبی سنتروم خوش آمدید! (مرسی. ابروهایش را بالا می‌اندازد. این مینو است که وقتی به پیغامِ تلفنی گوش می‌دهد ابرو بالا می‌اندازد؛ همین حالا و...)، تو که ساکنِ تِبی هستی، تِبی خانه‌ی توست. پس با تجاربِ خودت به خانه‌ی خودت بیا! (کیفِت رو بازکن، به گفته‌ی مینو).

واردِ مرکز خرید نمی‌شود. نوشته‌های در و دیوار را می‌خواند. به درِ ورودی مرکز خرید پشت می‌کند و به راه می‌افتد. به کجا؟ نمی‌داند.

♣Täby centrum

حال به فاصله‌ی نیم‌ساعت رفتن از مرکزِ خریدِ *تبی* دورشده‌است. هنوز نمی‌داند کجا می‌رود. بوی چمن، به عطسه‌اش می‌اندازد و او را از خوره‌های درونی به طبیعتی می‌برد که تا آن‌روز کشف نکرده بود. روزِ سومِ ماه نوامبر است. چمن‌*زنی این وقتِ سال*؟ انگار سبزند. انگار سبزی تابستان را برای این روزِ خاکستری ذخیره کرده‌اند. اما این درخت‌ها؟ این کاج‌های همیشه سبز، پاییز و زمستان همان‌قدر سبزند که تابستان. و حالا، اما زمستان است. و این سبزی، از جنسِ دیگری‌ست. شاخه‌ها انگار دارند نرمه‌های نور را می‌لیسند. *اما کو خورشید؟ در این صبحِ خاکستری!* به تاجِ درختان نگاه می‌کند. کبوتری در بالاترین نقطه‌ی بلندترین کاج مثلِ یک مجسمه نشسته است. تکان نمی‌خورد. بال نمی‌زند. ناگهان هوس می‌کند کاری را که در کودکی نکرده بود اینک در سنِ پنجاه و پنج سالگی بکند. سنگ‌ریزه‌ای بر می‌دارد، پرتاب می‌کند طرفِ کبوتر. دست جان ندارد. سنگ اوج نگرفته برمی‌گردد به سمتِ زمین. تا بیاید بجنبد سنگ‌ریزه راست آمده افتاده روی سرش. سوزشِ خفیفی در سرش احساس می‌کند. جای سنگ را لمس می‌کند. دستش مرطوب می‌شود. خیال می‌کند خونی شده. به آن نگاه می‌کند. از قطراتِ گرمِ عرق خیس شده‌است. به بالا نگاه می‌کند. کبوتر همان‌جا سرِ جایش نشسته، انگار به خواب رفته‌باشد، نوکش را درونِ سینه فرو کرده. به شکلِ یک توپ شده‌است.

راهِ رفته را برمی‌گردد. حسّی در او بیدار شده که نمی‌داند چیست. به گذشته فکر می‌کند؛ به آرزوهای جوانی. روزِ عقدکنان، پدرش پس از ماه‌ها مخالفت در جمعِ مهمانان رو به فرهاد کرد وُ گفت: "قبول. شیرین مالِ تو، امّا به یه شرط. به شرطی‌که شیرین لیسانسِش رو بگیره. "فرهاد هم درجا قول داد: "البتّه حاج آقا. خودم

بهِش سوئدی یاد میدم. لیسانس که سهله تا دکترا هم کمکِش می‌کنم."

سر تکان می‌دهد. نفس عمیقی می‌کشد و زیرِ لب می‌گوید: "کجای آدم دروغگو؟ انگاری می‌خواس خودش بهِم دکترا بده." و لبخند می‌زند. با درون‌مایه‌ای از خشم. بعد با صدای بلند می‌گوید: "دانشگاه، کلیدِ رهاییه. بهِش نشون بده. آره بهِت نشون میدم، که می‌تونم لیسانسم رو بگیرم. صبر کن ببین، فرهاد خان."

مینو زنگ نمی‌زند. مینو وقتی زنگ نمی‌زند می‌داند با سکوتش به شیرین گفته‌است که وقت ندارد. شیرین این‌را خوب می‌داند و هرگز به دل نمی‌گیرد. از این‌ها گذشته مینو پلاس شدن در کافه‌ها را دوست ندارد، قهوه هم نمی‌خورد. چون مینو مارتین را دارد و خوشبخت است و وقت ندارد. چون مارتین به او قول داده آینده‌ی خوبی برایش بسازد. چون او به زودی در اولین رمانِ خود، ماجرای زندگی شیرین را می‌نویسد و چاپ می‌کند و به بازارِ کتاب می‌فرستد و چون مینو خانم می‌خواهد کتابِ خاطرات شیرین را ترجمه کند به سوئدی. شیرین اسمِ کتاب را گذاشته *خاطراتِ شیرینِ شیرین*. مارتین قول داده‌است در ترجمه‌ی کتاب به سوئدی به مینو کمک کند. خوب می‌داند سرانجام به آرزوی دیرینه‌اش خواهد رسید و نویسنده و مترجمِ موفّقی خواهد شد زیرا به نظرِ مارتین این کتاب دریچه‌ی کانال‌های سوئدی را بر روی او باز خواهد کرد. و چون کلیدِ دریچه توی دست‌های مارتین است. و چون ملّتِ سوئد اطلاعات می‌خواهد. و چون اگر اطلاعات از زبانِ زنِ جهان سوّمی بیرون بیاید ملاطَش بیشتر است و کتاب بهتر فروش می‌رود. و چون به زودی مینو از برکتِ دوستی با شیرین و دهانِ او که چِفت ندارد... که چی؟

که تا چشمش به او می‌خورد، دهان باز می‌کند و از سیر تا پیازِ زندگیِ خود را می‌ریزد بیرون. که چی؟

"که بعد به برکتِ خاطراتِ منتشر شده‌ی منِ خر به جایی برسه و کسی بشه و بگه؛ دیگه کونِ کسی رو نخواهم شست و به شستنِ کونِ خود و بچّه‌هایی‌که برای مارتین خواهم زایید، اکتفا خواهم کرد و در خونه خواهم نشست و رمان دیگری خواهم نوشت که به زبانِ سوئدی است. مستقیماً به زبان سوئدیه. با فکرِ سوئدی. با کمکِ مارتین."

ناگهان می‌ایستد و با دهانِ باز به اطراف نگاهی می‌اندازد. "این‌جا کجاست؟" تابلو می‌گوید "پِرِست‌گُردن"♣ چند لحظه به تابلو خیره می‌ماند. "این همه راه رفتم؟ نیگا کن، زن رسیدی به کلیسایگراندتورپ♣ جهتِ مخالفِ خودت رفتی؟ چند قدمِ دیگه بری رسیدی به دریاچه‌ی رُن نینِگه♦. بهتر نبود می‌رفتی به یه پارک، یا اصلاً می‌زدی به جنگل... اسمش چی بود؟ پارک ... یا جنگلِ ... باید برم به طرفِ *استکهلمس وِگن*؟♥هان! حالا چه خاکی به سرم کنم؟"

با نوکِ انگشتِ اشاره و شستِ دستِ راست لبه‌ی آستینِ چپ را بالا می‌زند، نگاهی می‌اندازد به مچِ دست. فراموش کرده یا جایی توی راه از دستش افتاده و نفهمیده؟ صدای فرهاد را می‌شنود. دارد ساعتِ سیکوی زیبا و گرانقیمتِ کادویی را می‌بندد مچِ دستِ چپِ او.

♣Prästgården

♣Grandtorp

♦Rönninge

♥Stockholmsvägen

"از ساعتِ بیگ‌بِن هم دقیق‌تره. تا حالا ساعتِ مچیِ کوکی دیدی که با یه نغمه‌ی لالایی از خواب بیدارت کنه؟"

دلش هوای شنیدنِ لالایی می‌کند. صدای پدر را می‌شنود. خیلی دور است. صدا از توی چاه می‌آید. به او می‌گوید "شتری جونم یه کمی بلندتر." صدا خاموش می‌شود. هوای دیدنِ پدر می‌کند. حالا. همین حالا که این‌همه راه را رفته و پوستِ کفِ پاها نازک شده‌اند مثلِ دلش. مثلِ شیشه. شیشه‌ی دل او را به یاد خانم شیشه می‌اندازد. دلش می‌گیرد. از اداره‌ی بیمه حالش به هم می‌خورد. از دنیا حالش به هم می‌خورد. و از خودش و از این دو پای زخم و بی رمق. امّا چطوری این‌همه راه را آمده‌است؟ تا این‌جا. تا کلیسای *گراندتورپ*. در جهتِ مخالفِ خانه‌ی خود. ولی به رفتن ادامه می‌دهد. اگر این پا با این‌همه زخم او را تا این‌جا کشانده، پس بگذار باز هم بکشاند. تا هرجا که می‌خواهد بکشاند. تا دریاچه‌ی *رُن نینگه*. یا هر جای دیگر این دنیا. مگر فرقی هم دارد؟

حال دارد با نگاهِ مینو می‌رود. در نگاهِ مینو، زندگی چون آب روان است. باید هر روز با این آب دست وُ روی را شست.

"وزنه‌ها رو باید هر روز از نو انتخاب کرد و پرتاب کرد. کدوم وزنه رو برداری، به خودت بستگی داره. پرتاب وزنه‌های سنگین یعنی همون سنگِ بزرگ که نشونه‌ی نزدنه. تازه این بستگی داره وزنه رو از چه طرفی و از چه فاصله‌ای پرت کنی: از راست یا چپ، از جلو یا از... خُب اگه هی بگی جهان وطنمه و از اون‌وَر هی دِلت واسه‌ی خاله و عمه و ایرون تنگ بشه، نمیشه. نمیخوای برگردی سراغِ زندگیِ قبلی‌ات و با فرهاد آشتی کنی، پس پُل‌ها رو پشتِ سرت خراب کن. این لباسای مارکدار رو بنداز آشغالدونی، طلاملاها رو بفروش، ویلا رو هم بفروش و یه آپارتمانِ کوچیک بخر. ماشین میخوای چیکار؟ این

رو هم بفروش. یه کارتِ ماهانه‌ی مترو بخر وُ سوارِ قطار شو و برو استکهلم رو کشف کن. راستی بگو ببینم توی این چهل سال کجای این شهر رو دیدی؟ یورگُردِن♣ رو دیدی؟ (دیدم) خب همه‌ی جزیره‌هاشو گشتی؟ (نه) خُب میدونی اصلاً استکهلم یعنی چی؟ (نه) یعنی مجموعه‌ای از جزایر. میدونی استکهلم از چند تا جزیره تشکیل شده؟ (نه) از... بذار ببینم مارتین چی گفت؟ ... آهان تعداد زیادی جزیره و شبه جزیره... و مارتین گفت اسم استکهلم اوّلین بار سال ۱۲۵۲ میلادی روی کاغذ اومده... و سال ۱۴۳۶ شده پایتخت... داشتم می‌گفتم... استکهلم یعنی مجموعه‌ی جزیره‌ها... آره شیرین خانم راه بیفت، برو، بگرد. بی‌بی خدا بیامرزم همیشه می‌گفت *دنیا دیدن به از دنیا خوردن است*. حالا بگذریم که بیچاره پاشو از شیراز بیرون نذاشت. اون‌جا به دنیا اومد و همون‌جام از دنیا رفت. ولی خُب اونا مالِ یه نسلِ دیگه بودن. نسلِ حرف. ما نسلِ عملیم. پاشو. پاشو خواهر جون راه بیفت. تا دیر نشده راه بیفت... توی یکی از همین جزیره‌ها مردِ موردِ علاقه‌ات رو پیدا می‌کنی. برو و خوب یادت باشه که در گوشه وُ کنار این شهر، توی همین جزیره مزیره‌ها مارتینای زیادی منتظرِ زنای سربه زیرِ خارجی اینجا وُ آنجا میپِلکَن. زنایی مثلِ من وُ تو."

حال نگاهش به رنگِ نگاهِ گذشته‌های مینوست. "یه تی‌شرت بلند پوشیدم تا نزدیک زانو. کفشای پاشنه بلند رو دور انداختم. پوتین پوشیدم. ریملا رو پاک کردم. سنجاقی به موهام زدم و شدم انقلابی، یه *کمونیستِ دو آتیشه*. نه که فقط من. خیلیا. خیلیا همین کارو کردن. به همین سادگی. کی کتاب مِتاب خونده بود. کتاب کجا

♣Djurgården

بود که بخونیم؟ کتابا بعد از کمونیست شدن دستمون رسید. آره اوّل کمونیست شدیم، بعدش هی کتابا چاپ شدن، منم هی خریدم. نه که فقط من. همه. همه همین‌طور. کتابای جلد سفید. مهدی، داداش بزرگم اسمِشون رو گذاشته بود *جلد کفتری*. پیش از کمونیست شدن کفترباز بود. یعنی نه این که راستی راستی کفترباز باشه. عاشقِ کفترای سفید بود. داشتم می‌گفتم هی کتاب خریدم و گذاشتم روی قفسه‌ی کتابا. نه که فقط من. همه. همه همین‌طور. مهدی اتاقِ پذیرایی خونه‌شو کرد کتابخونه. اما بگو یه خط خوند. نه. نخوند. نه جونِ تو. یه خطّ هم نخوند. یعنی وقت نبود که بخونه. نه فقط اون... هیشکی وقت نداشت. وقت نبود روزنامه و مجله بخونیم، چه برسه به کتاب. تظاهراتای رنگارنگ وقتی واسه‌ی آدما نمیذاشت. آدما شده بودن سیل، ریخته بودن توی کوچه‌ها و خیابونا، نه جای نفس کشیدن داشتن، نه وقتِ نفس کشیدن. حتی وقت نشد یه نفسِ کمونیستی دُرُست حسابِ بکشن، ببینن بابا آخه این مارکس و لنین و انگلس اصلاً چی گفتن. بیچاره جوونا. طفلکیا. تازه از تو چه پنهون کمونیست شدن فقط یه تب بود. یه تبِ چهل پنجاه درجه. هی هذیون گفتیم و هی افتادیم توی هلفدونی و یا سر به نیست شدیم. یا ترسیدیم وُ رفیقامونو لو دادیم. راهِ دیگه‌ای نبود. راه‌های پس و پیش بسته بود. جات خالی ببینی چطوری از صبح تا شب با تلاوتِ قرآنِ مجید و حرفای آن چنانی دمار از روزگارِ هر چی مجید و حمید و علی و تقی و نقی بود درآوُردن. تو اوین. تو قزل حصار، تو کوچه و بازار، پیشِ در و همسایه... بیچاره‌ها. بیچاره ما. اونقده روضه گوش دادیم که به گُه خوردن افتادیم و هر چی داشتیم، رفتیم گفتیم. مثلاً همین خودِ من؛ اگه یه رگِ مذهبی به رگای رگ به رگ شده‌ام، پیوند نمی‌زدم چی‌کار باید می‌کردم؟ آره... داشتم می‌گفتم، اون روزا دیگه بزک مزک کردن خریدار نداشت. پسرا چشمِشون

دنبالِ دخترای کمونیستِ آرایش نکرده بود. نیگا کن، همین اصغر شوهرِ دوستِ خودمون فرزانه، پیکاری بود. تا فرزانه پیکاری نشده بود نیگاش هم نمی‌کرد یا اون یکی اسمِش چی بود؟ محسن. اگه فرشته نمی‌رفت با بچّه‌های اتحادیه کجا می‌تونست اونو تور کنه؟ حالا چند تا از این اصغرا و محسنا میخوای واسه‌ت مثال بیارم؟ مثلاً همین خودِ من... تو کشوری که دختر مثلِ یه کالا معامله میشه، آدم باید راهِ معامله، اونم معامله به نرخِ روز رو یاد بگیره و اون روزا، دو جور معامله مُد شده‌بود: معامله‌های کمونیستی وُ معامله‌های اسلامی. دوّمی با روحیه‌ی من جور درنمی‌اومد. خُب منم اوّلی رو انتخاب کردم. خلاصه شیرین... نمیدونی... قبل از انقلاب یه جور مکافات و بعدش یه جورِ دیگه. قبل از انقلاب هر مردی به تورم می‌خورد یه زن چاق و چله میخواس باپرده پرده گوشت. منم که قربونش برم مثلِ ترکه‌ی انار بودم. به مچ پام نیگا می‌کردن می‌گفتن حیف *لاغری*. به کمرم نیگا می‌کردن، می‌گفتن حیف *لاغری*. به صورتم نیگا می‌کردن می‌گفتن حیف *لاغری*... اما انقلاب که شد و مردا همه شدن انقلابی. دیگه صحبتِ یه پرده گوشت وُ از این حرفا در میون نبود. صحبت، صحبتِ معامله‌های کمونیستی بود: خطِّ مشی، انگاری می‌گفتی خطِّ لب یا خطِّ چشم. بگذریم... خطِّ مشی شد خوراک جوونای دَم بخت. حالا اگه بشه بگی جوونای دَم بخت؟ داشتم می‌گفتم خطِّ مشی و راستای انقلاب شد راسته‌ی گوشتِ هر دهنه قصابی وُ دیگه چی بگم... از اندازه‌ی مچ پا و دورِ سینه و کمر شد مهم‌تر و حیاتی‌تر. این بود که تی‌شرتِ رنگ و رو رفته و شلوارِ جینِ پاره پوره و صورتِ بی‌آرایش کارِ خودشو کرد و من شدم زنِ رفیق مسعود. از بچّه‌های کنفدراسیون بود درآمریکا. به ایران برگشته بود، ایران رو بسازه. طفلکی، ایرانی ساخت که بیا وُ ببین. فردای روزِ عروسیمون افتاد توی کمیته و پاسدارا چوبی کردن توی آستینش

که نگو وُ نپرس. اونَم از ترس گفت: *من فرزندِ خدام و برادر روح‌الله خودِ خدا*. همون هفته‌ی اول از کمیته بردنش اوین، و بعد از دو سال از اوین راهیِ قزل‌حصارش کردن، تا سه سال گذشت. سه سال هر دفعه به ملاقاتِ مسعود رفتم، کمونیست‌تر شدم. از پشتِ میله‌های زندون هی گفت: مینو، گوش کن! خوب گوش کن! خواستِ خدا بود من افتادم زندون. تازه چه زندونی، کدوم زندون؟ این‌جا خونه‌ی خداس. نور و نفسِ انبیا لای در و دیواراشه. واسه همین ازت میخوام که تو هم از توی جلدِ شیطون بیرون بیایی و بعد با یه امرِ به معروف و نهی از منکرِ ناقابل تکلیفِ اسمم رو هم روشن کرد: خواهر زینب. خواهرم زینب، یادت باشه، نماز که میخونی دعا کن همه به راه راست هدایت بشن. یادت باشه، هان... وقتِ نماز، دعای خیر واسه‌ی همه. خواهرم زینب. خلاصه این‌که روز به روز مسعود مسلمون‌تر می‌شد، من کمونیست‌تر. اسلامِ او پُر رنگ‌تر می‌شد، کمونیسمِ من غلیظ‌تر. خیال می‌کردم مسعود واسه‌ی رهایی خودش داشت دست و پا می‌زد: زینب؛ خدا باماس، روحِ خدا باماس. روح‌الله باماس. اُمّتِ مسلمون با ماس، اُمّتِ مسلمون هم با ماس هم با روح‌الله‌س. خواهرم زینب، تو هم با ما باش.

بِهِش گفتم آخه مسعود جون، قربون اون سبیلای بریده‌ات برم آخه ناسلامتی من زنتم، چرا هی بِهِم میگی *خواهر زینب*؟ مگه عقل از سرت پریده؟ نه، حرف فایده نداشت و این شد آخرین دیدارِ ما پشتِ میله‌های زندونِ اوین. حالا دوباره برده بودنش اوین و من راحت‌تر می‌تونستم به دیدنِش برم. اما دیگه نرفتم. خُب دیدم هرچی فکر می‌کنم عقلم به جایی قد نمیده و نمی‌فهمم کی با کیه و من با کی، مسعود کیِ منه، من کیِ مسعود."

مینو نگاه را از شیرین می‌دزد. به دریاچه رسیده‌است. آب را شب‌چراغی می‌بیند به وسعتِ یک دریاچه. شبروی‌ای می‌بیند روی آب‌های روان. دارد می‌رود. پیاده. بدون قایق. بدون پارو. پابرهنه. پاهایش می‌سوزند. *ساعت چیه؟* به تلفنِ همراه فکر می‌کند. وقتِ را نشان می‌دهد: ۱۲:۵۰. به وقت این‌جا، به وقتِ دریاچه. به وقتِ دریاچه‌ی *رُن نینگه*. و کسی به او زنگ نزده‌است.

"خُب بعدش چی شد؟"

با نگاهِ مینو می‌ایستد. بر ساحلِ تنهای ماهِ نوامبرِ دریاچه. کرمِ شبتابی کفِ پاها را غلغلک می‌دهد. سوزشِ زخم است؛ سوزشی شیرین. نه شیرین مثلِ نامش. مانند شَفَقی‌که در این وقتِ روز بی‌وقت آن‌سوی دریاچه برسطحِ آرام دامن گسترده. افقِ در آن‌همه رنگِ بنفش پیدا نیست. مثلِ این آب‌های شیرین، که او دیگر نمی‌بیند.

"بعدش؟"

"خُب معلومه دیگه، مسعود جانماز به دست اومد بیرون و دید که مینوش زینب نشده و طلاقم داد. منم دیگه روی نحسِش رو ندیدم. می‌گفتن جاسوس بوده، نفوذ کرده تو سازمان. می‌گفتن زندونی شدنش هم ساختگی بوده. من چی میدونم. اون روزا آدما حرف زیاد میزدن و هی همدیگر رو تُو یه دسته مَسته‌ای جا میدادن؛ یکی ساواکی بود، یکی حزب اللهی، یکی توده‌ای بود، یکی فدایی، یکی پیکاری بود، یکی مجاهد خلق. یکی هم خلقِ بیچاره بود که شده بود برّه، البتّه در نگاهِ داداش مهدی... بخش شیرین، واقعاً منو ببخش، آدم بعضی وقتا باید یه کمی بی‌تربیت بشه، وگرنه نمیشه، آره این مسعودِ جاکش یه مشت فدایی رو لو داد، اومد بیرون. همین. بعدش همین دیگه..."

"خُب بعد چی شد؟"

"بعد؟ تو هم که هی میگی بعدش چی شد، بعدش هیچی دیگه، شنیدم جناب مسعود شده رئیسِ دانشگاهِ علم و صنعت. اونم با مدرکِ فوق دیپلم از یه دانشگاهِ آزاد اسلامی از یه ده کوره. بگذریم... مسعود بود دیگه... آمریکا هم که درسی نخونده بود... تو رستوران کار می‌کرد. خودش واسه‌ام تعریف کرده بود. اون‌جا هر کسی می‌تونست بشه کنفدراسیونی. با مصی خواهرش رفیقِ جون جونی بودم. تا ایران بودم، بعضی وقتا بهِش زنگ می‌زدم ببینم دنیا دستِ کیه. بدم نیومد ببینیم عاقبتِ این آقا رئیس به کجا می‌کشه. طفلی مصی، توی خونه کسی آدم حسابش نمی‌کرد. میدونی چرا؟ چون با من دوست شده بود. طفلکی. شنیدم دستِ آخری این مسعود زهرشو به خواهرشم ریخت. شنیدم به زور به عقدِ یه آخوند درش اُورد وُ این طوری سر به نیستِش کرد. بعدشم طفلک مصی، شنیدم توی یه تصادفِ رانندگی عمرش رو به تو داد. با شوهرش می‌خواسته بره شوشِ دانیال که ماشینِشون آتیش گرفته. طفلک مصی سوخت که سوخت. یعنی این‌طوری شنیده بودم که این‌طوری سوخته، ولی وقتی اومدم سوئد و بعد از چهارسال مادرم اومد دیدنَم واسَم تعریف کرد که مصی توی تصادفِ رانندگی جونِش رو از دست نداده بوده. زیرماشینِ شوهرش بمب کار گذاشته بودن. از قرارِ معلوم ماشین مالِ شوهرش نبوده و مالِ مسعود بوده."

چشم‌ها را می‌بندد. پدر حاضر است. شترِ یک کوهانه. بر روی کولش سوار است. دارد ماهی می‌گیرد. لبخند می‌زند: *شترسواری دولادولا؟* سر را تکانی می‌دهد. شتر با یک ماهی طلاییِ کوچک از او دور می‌شود.

به اطراف نگاهی می‌اندازد. چشم‌های مینو را در ساحلِ گم کرده‌است. به دنبالِ آن‌ها می‌گردد. حالا دو چشمِ آهو می‌بیند. دختر بچّه‌ای‌ست، صدایش می‌زند، دارد به دنبالِ شتر می‌گردد، در آن ساحلِ تنهای ماهِ نوامبرِ دریاچه؟

کفش را در می‌آورد، با جوراب می‌رود توی آب. سرد است. مثلِ شیشه. به سردی شیشه‌ی چشم‌های خانم شیشه. در اداره‌ی بیمه. حالش کمی جا می‌آید. کفش‌ها را می‌پوشد. مانندِ شبکوری‌که در تاریکی به دنبالِ چیزی می‌گردد، به دنبالِ راه می‌گردد. راهِ بازگشت. به کودکی نمی‌رسد.

عصر از دلِ آسمان با اندکی بنفشِ پر رنگ می‌آید و با خاکستری می‌آمیزد تا خاکستری پررنگ‌تر شود. و او به خانه می‌رسد. جسمِ نیمه‌جان را روی مبل می‌اندازد و به فردایی فکر می‌کند که باید به سراغِ دکترِ درمانگاهِ محل برود و گواهی پزشکی بگیرد و به اداره‌ی کاریابی برود و برگه‌ای را پرکند و کپیِ آن‌را که با اصل برابر است تهیه کند و آن‌گاه باید یک روزِ تمام دوباره پیاده برود به کجا؟ هم می‌داند وُ هم نمی‌داند.

عصر است. بی‌خبر از راه می‌رسد. مینو خوب می‌داند که شیرین نه بی‌خبر جایی می‌رود و نه بی‌خبرِ قبلی کسی را به خانه راه می‌دهد. امّا به هرحال، حالا او بی‌خبر آمده‌است. پشتِ درِ خانه‌ی او. خیابانِ *بی‌انگس‌وِگن*♣، شماره یک. سرش مثلِ گلوله‌ی آتش روشن و شعله‌ور است. شیرین مینو را از پنجره‌ی طبقه‌ی دوّم می‌بیند. ساعت پنج بعد از ظهر است. پنجِ بعد از ظهر استکهلم. انگار ده شب باشد، آسمان تاریکِ تاریک است. نمی‌خواهد در را باز کند. پاهایش می‌سوزند. تنش بی‌حسّ و بی‌رمق است. لحظه‌ای پشتِ پرده می‌ماند. مینو او را نمی‌بیند. خانه خاموش است. شیرین این روزها خاموشی را دوست دارد. مینو را می‌بیند. زیرِ تیرِ برق ایستاده‌است. تلفنِ همراه را در می‌آورد."لابد میخواد به من زنگ بزنه؟" امّا تلفنِ خانه به صدا در نمی‌آید. "پس داره به کی زنگ میزنه؟ شاید کارتش تموم شده یا..."

مردّد است. نمی‌داند بعد ازدوندگی‌ها و سرگردانی‌های آن‌روز و به دکتر رفتن و گواهی پزشکی تهیه کردن و به اداره‌ی کار رفتن و تقاضای کار دادن و لیستِ کارها را واردِ فرمِ اداره‌ی بیمه کردن، دیگر حوصله‌ی دیدنِ کسی را دارد یا نه. دوباره از پشتِ پرده سرک می‌کشد، مینو زیرِ تیر برق نیست. او به خانه نزدیک شده‌است. در یک حرکتِ آنی به طرفِ تلفن می‌رود و شماره‌ی مینو را می‌گیرد، امّا نمی‌داند چرا. شاید می‌خواهد به او بگوید خانه نیست.

"منم شیرین. گفتم وقت داری...؟"

"باطریام..."

♣Byängsvägen

تلفن قطع می‌شود. شیرین در تاریکی با احتیاط از پلّه‌ها پایین می‌رود تا در را باز کند. امّا در را باز نمی‌کند. در حالِ تاریک پشتِ درمی‌ایستد. صدای تماسِ فلز می‌شنود بر سنگفرشِ پشتِ در. صدا باید صدای پاشنه‌های کفش مینو باشد. دورِ خودش چرخی می‌زند. دست بر روی دیوار به دنبالِ پریزِ برق می‌گردد و پیدا می‌کند.

ناگهان تاریکی هیولایی می‌شود؛ چون گذشته‌ها. دورِ خانه می‌چرخد و لامپ‌های خانه را یکی یکی روشن می‌کند. مثلِ وقتی که آبستن بود. مثلِ وقتی‌که نیاز و نازنین خانه باشند، یک لامپِ روشن کفایت نمی‌کند. اما حالا وضع فرق دارد و او تنهاست. تنهای تنها. حالا دو سال و نیم است نیاز و نازنین برای ادامه‌ی تحصیل به انگلیس رفته‌اند. دور از هیاهوی خاموشِ این خانه، خیال می‌کنند مادر دارد در کارهای جانبی شرکت‌های پدر به او کمک می‌کند. و این از افتخاراتِ شیرین است. "فرهاد، مسائلِ ما دوتا به بچّه‌ها ربطی نداره. چرا اعصابشون رو بیخودی خُرد کنیم؟ هر وقت برگشتن خونه خودشون همه چیز رو می‌فهمن."

زنگِ تلفن به صدا در می‌آید. شیرین گوشی را برمی‌دارد. فرهاد است. صدایش به‌سان صاعقه در تمامِ خانه می‌پیچد. "خیال کردی با اون شگردای زنونه بلدی منو خر کنی؟ همین امروز تکلیفمو با همه‌تون روشن می‌کنم. اون ممه رو لولو برد. این دو تا دختر هم مثلِ خودت. فقط کیفِ پولِ باباس که خوبه. بابا جون وقتی خوبه که بشه بدوشیش. مثلِ خودت. حالا برو. برو با همون فاحشه‌خانومت ادای زنای سوئدی رو دربیار. خُب حالا بگو ببینم با کی خوابیدی؟ با چندتا؟"

پاسخ نمی‌دهد. می‌داند فرهاد زخمی‌ست. امّا نه چون گرگِ زخمی. دو روز بعد حرف‌ها را فراموش می‌کند و گرم و مهربان می‌شود. از فاصله. درگوشیِ تلفن. به شیرین خواهد گفت دوستش دارد و حاضر است ثابت کند.

و ثابت می‌کند، نه با زبان پوزش، که با شگردهای همیشگی: ماشین و اسکناس و طلا و جواهر. سالگردِ ازدواجشان با پست یکسری جواهر؛ سینه‌ریزِ الماس، دو جفت گوشواره، دستبند، انگشتر می‌فرستد.

روزِ تولّدش یک ماشینِ *ماسِراتی گران تورسمو اس** نقره‌ای رنگ به درِ خانه می‌فرستد؛ مردِ راننده‌ی ناشناسی زنگِ درِ خانه را می‌زند، سویچ را درکفِ دستِ شیرین می‌گذارد و می‌رود. روزِ تولّد نیاز و نازنین، سندِ دو آپارتمان را داخلِ یک سبد گلِ سفارشی جای می‌دهد و می‌فرستد به درِ خانه. شیرین سبدِ گل را از دستِ گلفروش می‌گیرد. در را پشتِ سرِ مرد می‌بندد. گل‌ها را بو می‌کند. بوی آشنا نمی‌دهند. سبد را همان‌جا پشت در می‌گذارد. به طبقه‌ی بالا می‌رود. سبدِ گل یک‌هفته‌ی تمام پشتِ در می‌ماند. گل‌ها پلاسیده می‌شوند. سبد را با سندِ آپارتمان‌ها می‌اندازد توی آشغالدونی. شبِ همان روز فرهاد زنگ می‌زند. مهربان است. وعده‌ی آینده‌ای خوب می‌دهد. می‌گوید می‌خواهد بلیط بفرستد تا شیرین و دخترها سری به ایران بزنند. مطمئن است که هر سه از آپارتمانِ نو خوششان خواهد آمد. خیابانِ دولت جای بدی نیست. شیرین از حرف‌های او سر در نمی‌آورد. می‌پرسد: "آپارتمانا؟ کدوم آپارتمان؟"

---

*Maserati Gran Turismo S

آهنگِ صدای فرهاد عوض می‌شود. "خودت رو به کوچه‌ی علی چپ نزن. عزیزم."

شیرین متحیّر است. "آپارتمانا؟ کوچه‌ی علی چپ؟ از چی داری حرف می‌زنی، فرهاد؟"

"از سند دیگه."

"کدوم سند؟"

"دست وَردار شیرین. تو این تیپی نبودی که. گُلا که رسید؟"

"آره. "

"خب، پس سَند رسیده."

شیرین می‌فهمد چه دسته گلی به آب داده‌است. با صدای لرزان می‌گوید: "زودتر می‌گفتی. قبل از رسیدنِ گُلا می‌گفتی. سند سوخت. با گلا سوخت. یه گوشه، روی تپّه‌های زباله..."

فرهاد دوباره مهربان می‌شود.

"فدای سرت. سند دُرُست کردن که کاری نداره. "شیرین صدایش را نشنیده‌است. "چرا سَند رو به اسمِ دخترات نکردی؟ روزِ توّلد اونا بود، نه توّلدِ من. اقلاً یه زنگ بهِشون میزدی."

فرهاد بی‌حوصله می‌شود.

"دخترای من؟ از کی تا حالا شدن دخترای من وُ من نمی‌دونستم؟ تازه... بیا و خوبی کن... یعنی خواستم از مادرِ با لیاقتِ دخترا تشکر کنم."

حوصله‌ی شیرین هم سرمی‌رود.

"با لیاقت؟ تشکر؟ ببین فرهاد، من میگم طلاقم رو بده، تو سند می‌فرستی؟ همه چی تموم شده، فرهاد. قبول کن رابطه‌ی ما مرده. نه تو اون فرهادی که بودی، نه من اون شیرینم که تو می‌شناختی... فرهاد آن سبو بشکست و آن پیمانه ریخت... "

فرهاد با صدای بلند می‌خندد.

"هه هه... از کی تا حالا شاعرم شدی، ما نمی‌دونستیم؟ تازه تو که طلاقِت رو گرفتی. دیگه چی می‌خوای؟" شیرین آهسته می‌گوید. "ایرانیشو می‌خوام." فرهاد فریاد می‌کشد: "داری با من بازی می‌کنی؟ معلومه چی می‌خوای؟ خونه نداری؟ پول نداری؟ از خرِ شیطون بیا پایین؛ ببین شیرین من تو رو بزرگ کردم. تر و خشکِت کردم. دخترِ آقای قاسمی بودی که بودی... تو از ایران با یه چمدون اومدی خونه‌ام. میدونم تقصیرِ خودت نیست، رفتی با چهار تا زنِ بی‌بند وُ بار دوست شدی. که شعار میدن؛ طلاق، طلاق، طلاق... مثلاً همین مینو خانم..."

حرفِ فرهاد را قطع می‌کند.

"خواهش می‌کنم فرهاد... مینو رو با این قضیه قاطی نکن! مینو روحِش هم از ماجرای ما خبر نداره." فرهاد صدا را چند دیسیبل بالا می‌برد. "آره. تو گفتی و منم باور کردم. خیال می‌کنی نمیدونم زیرِ پات نشسته... یه شوهر سوئدی پیدا کنی... خیال می‌کنی نمیدونم مارتینِش چیکاره‌اس، یه عرق خورِ بدمست... خیال می‌کنی..."

"خواهش می‌کنم فرهاد. حرمتِ مادرِ بچّه‌هات رو حفظ کن! حرمتِ مادرِ بچّه‌هات رو حفظ کن، نه با سندِ ماشین و خونه و کوفت و زهر وُ مار... با زبون... "

صدای خشمِ فرهاد با تهدید درمی‌آمیزد.

"حرمت؟ کدوم حرمت؟ تو داری آبروی منو پیش در و همسایه می‌بری، تو داری با زندگی و حیثیتِ من بازی می‌کنی، اون وقت میگی حرمت؟ من دارم مخارجِ خونه‌ات رو میدم. همین خونه‌ای که شده پایگاهِ یه مشت فمینیستِ طلاق گرفته‌ی ضدِ مرد، یه مشت زنِ خودفروش. اون وقت ازم حرمت می‌خوای؟ نه خانم... همون که خودت یادم دادی، خانمِ شاعره‌ی شعر نخونده: اون سبو بشکست و آن پیمانه ریخت. صبرکن. حالا صبرکن تا نشونت بدم حرمت یعنی چی."

فرهاد گوشی را می‌گذارد تا شب‌های بعد. تا باز هم هدیه بفرستد و باز هم به شیرین تلفن بزند برای این‌که بی‌حرمتی‌ها را جبران کند:

"ببین شیرین، از قدیم گفتن خدا یکی، زن هم یکی. من زنی به جز تو نمی‌شناسم و نمی‌خوام. تو مادرِ بچّه‌های منی. ما با هم معنی پیدا می‌کنیم. مگه نه؟ این‌طور نیست؟ اجازه بده از ایران که برگشتم یه راست بیام خونه‌ی خودمون. خونه‌ی عشقمون. به زودی همه چی دُرُس میشه. شرکتِ تازه رو میخوام به اسمِت بکنم. توی شمیرونه. این شیمرون اون شیمرونِ قدیمی نیست، ها... این شرکت رو ببینی باورت نمیشه. ده طبقه‌س با مدرن‌ترین تجهیزاتِ اروپایی. نظیر نداره. قراره یه IKEA هم این‌جا راه بندازم. به اسمِ تو. شیرین. اما این ساختمون شمیرونیه میشه شرکت. اجاره‌ش میدیم به شرکتا. میدونی، اجاره‌ی ماهانه‌ی هر طبقه خدا تومنه. ببین شیرین، خودت میدونی اگه اراده کنم هزارتا زن دور وُ برم هست... اما من زن دارم. تو رو دارم. مادرِ بچّه‌هام رو دارم. تو رو به خدا از خر شیطون بیا پایین. خوبیت نداره. توی این سن وُ سال. آبروریزی نکن. ما ناسلامتی میون قوم و خویش اعتباری داریم."

فرهاد از شرکت‌ها و ساختمان‌ها و طرح‌های آینده‌اش می‌گوید. شیرین به حرف‌های فرهاد گوش می‌دهد و نمی‌دهد. ناگهان مثلِ بمب می‌ترکد و می‌گوید: " فرهاد یه روزی می‌تونستی منو با پول بخری. امّا امروز دیگه خیلی فرق داره. امروز... دیگه..."

فرهاد مثلِ همیشه به میانِ حرفِ او می‌پرد و فریاد می‌کشد، بی‌حرمتی می‌کند، تهدید می‌کند، التماس می‌کند و ناگهان به گریه می‌افتد.

"زن، تو داری منو دیوونه می‌کنی. نمی‌فهمم چه بدی به حقّت کردم، مگه تو نبودی که می‌گفتی دلم میخواد تو بغلت بمیرم. خُب بغلم مالِ توه. مثلِ همیشه. نگفتی؟ نگفتی؟"

"چرا گفتم. چرا دادی."

"خب پس چرا میخوای این زندگی رو خراب کنی؟"

"چراش رو از خودت بپرس. از مادرت بپرس. از برادرت بپرس. از خواهرا و خواهرزاده‌هات بپرس. چرا از من می‌پرسی؟"

"حرف اونا رو وسط نیار. اونا به من و تو ربطی ندارن."

"اگه به من و تو ربطی ندارن، پس چرا این‌همه پنهون کاری؟ چرا نگفتی پولِ خونه‌ی آبجی فرخنده رو تو دادی، واسه‌ی آقا مصطفی ماشین خریدی، هی خرجِ سفر منصور پسرخواهرتو دادی..."

"از خودت درمیاری. دروغ پشتِ دروغ. هی سرِهم می‌کنی. تو اصلاً حالت خوب نیست. خیالاتی شدی. تازه حالام فرض کنیم این‌طوره که تو میگی، خب که چی؟ از شکمِ تو و بچّه‌هات زدم؟ یا چی؟ مالِ خودمه، پولای زحمت و جون کندنای خودمه. دارم از

صبح تا شب مثلِ سگ میدَوم، هر کاریَم دلم بخواد با پولام می‌کنم..."

"که این‌طور! خوب شد گفتی، فهمیدم. پس سهمِ من چی میشه؟"

"کدوم طور؟ کدوم سهم؟ مگه تو سهمی هم داشتی، این وسط."

"من نبودم که پا به پات اومدم؟ ببینم کی پول فرستاد تا تو ساندویچ فروشی رو بخری؟ اگه بابام نبود... اون روزا که تو آس وُ پاس بودی... با جیبِ خالی می‌خواستی سرمایه‌گذاری کنی؟

"همه رو پس دادم."

"که این‌طور! کی؟"

"بله. همین‌طور..."

"خیلی خوب. باشه... اگه اینطوریه که تو میگی، از خیرِ پولامو و سهمم میگذرم، تو هم از خیرِ این زندگیِ نامشترک بگذر و راحتم کن. من از همه چی گذشتم، تو هم از من بگذر. هر غلطی دلت میخواد بکن، فقط اسم منو از تو شناسنامه‌ت بردار. همین."

می‌ترسد. امّا نمی‌داند از چه می‌ترسد. چراغ‌های خانه را یکی بعد از دیگری روشن می‌کند. چراغ‌های روشن ترس را کم نمی‌کنند. از درون می‌لرزد. می‌افتد روی مبل و سیگاری روشن می‌کند. و به آخرین جمله‌اش می‌اندیشد. "هر غلطی دلت میخواد بکن، فقط اسم منو از تو شناسنامه‌ت بردار. همین." با صدای بلند می‌گوید: "فکر نمی‌کردم این‌طوری بشه. امّا حالا دیگه فایده‌ای نداره. ما رومون به هم باز شده."

سیگار از لای انگشتانِ لرزانش می‌لغزد و می‌افتد روی فرش. چند لحظه در خلاءِ محض می‌ماند. سرش خالی است. جسمش خالی است. جسمش خالی شده است تا از دردهای توی سرش پُر شود. بوی دود می‌آید. گوشه‌ی قالی است، زیرِ پای اوست، می‌سوزد. با یک حرکت هر دوپا را می‌گذارد روی گوله‌ی آتش. بلند می‌شود می‌ایستد تا وزنِ بدن بر شعله‌ی جوان سنگینی کند. ابتدا سوزشِ خفیفی در کفِ پاهایش حس می‌کند. آتش خاموش شده‌است. به کفِ پاها نگاه می‌کند. دو دایره‌ی هم‌شکل وهم‌اندازه، گودی پاها را نقش داده و آتش به خاکستر نشسته‌است. به سرعت می‌رود طرفِ حمام. پاها را می‌گذارد در وان، شیرِ آب را باز می‌کند. زن، تو داری دیوونه میشی.

شب‌ها یکی پس از دیگری می‌رسند. شب‌های ذلّت. شب‌های تنهایی. شب‌های ترسِ از تنهایی. شب‌های نشستن و به فرهاد فکر کردن. شب‌های نیاز و نازنین و دروغ‌های هرروزه؛ *بابا همین الان رفت سرِ کار.* فریادهای التماس آمیزِ فرهاد که حالا می‌روند به جیغِ سیاه تبدیل شوند؛ سیاهی تهدید: *خیال کردی. شیرینی بهت نشون بدم که حظ کنی.*

شب‌های بی‌خوابی مبّدل می‌شوند به شب‌های کابوس.

ساعتی می‌نشیند در وان. زنگِ تلفن برای چندمین بار به صدا می‌آید. نمی‌خواهد پاسخ دهد. "حتماً دوباره خودشه. این وقتِ شب." صدای زنگ تلفن قطع نمی‌شود. از وان بیرون می‌آید، با پای خیس می‌رود طرفِ تلفن. *نیگا کن، حالا اگه من با پای خیس می‌اومدم روی قالی هوارِت می‌رفت به آسمون.* صدای فرهاد است در گوشش می‌پیچد. گوشی را برمی‌دارد. صدای مینو است، در گوشش زنگ می‌زند.

"خواب بودی؟" نمی‌داند باید پاسخ بدهد یا تظاهر کند به نشنیدن.

"شیرین؟ شیرین؟ صدامو می‌شنفی؟"

"آره."

"چیزی شده؟"

"نه."

"اومدم درِ خونه‌ت نبودی."

"خونه بودم."

"پس چرا باز نکردی؟"

"توالت بودم."

"کَلَک، پشتِ پنجره؟"

"معذرت میخوام. حوصله نداشتم."

"حالام حوصله نداری؟"

"دارم. نه یعنی ندارم."

"شاید بهتر باشه تنها نباشی. میخوای بیایی پیشَم؟ حوصلهات جا میاد."

"مگه مارتین خونه نیس؟"

"نه سرکاره. امشب شبکاره."

"خب تو بیا."

"این وقتِ شب؟ تو هرچی باشه ماشین داری. چطوری توی این تاریکی؟..."

"میام میارمت."

در اتاقِ پذیرایی مینشینند، حرف میزنند و تخمه میشکنند. شیرین احساس میکند دارد با داستانِ زندگیاش حوصلهی مینو را سر میبرد. به چشمهایش نگاه میکند، غایباند. آهسته میگوید: "گوشِت با منه؟" پاسخ نمیدهد. منتظرِ پاسخ نمیشود. مگر فرق میکند مینو به او گوش بدهد یا نه؟ با خودش میگوید: "مینو اومده اینجا تا عرقخوریای مارتین رو فراموش کنه. اونم داره مثلِ من دروغ میگه. شبکاره... اون نیومده دردی از دردهای تو رو دوا کنه. اومده
۴۲

اینجا تا سرِ خودشو گرم کنه. این طفلکی هم دردای خودشو داره... دردهای مینو، از یه جنسِ دیگن... مثلِ مالِ من نیستن. زرق و برق دار..." صدای فرهاد در گوشش زنگ می‌زند. "خیال می‌کنی نمیدونم مارتینِش چیکاره‌س، یه عرق‌خورِ بدمست. خیال می‌کنی نمیدونم خونه‌ام شده پایگاهِ یه مشتِ زنِ خاک‌توسری طلاق‌گرفته. برو، برو یه شوهر سوئدی واسه خودت دست و پا کن، از قافله عقب نمونی، اما رفتی دیگه پشتِ سرت رو نیگا نکن. بدون که اون ممه رو لولو برد. خیال نکن دوباره میام روپات می‌اُفتم...

صدای زنگدار و خفه‌ی خودش را می‌شنود.

"هیچی ازت نمی‌خوام. برو دست از سرم بردار. اما یادت نره سه میلیون کرون بهِم بدهکاری. و منم حالا به پولام احتیاج دارم. بابتِ..."

"همه چیزم مالِ تو. همین الان سیصدهزارکرون ریختم توی حسابِ مشترکِمون. واسه خرج و مخارج. شرکتای ایرانم به اسمِ تو..."

"گفتم که... هیچی نمیخوام... فقط اگه..."

"اگه چی؟"

"اگه زیرِ این برگه رو امضا کنی."

"خوابِش رو ببینی."

"میخوام پاسپورت بگیرم."

"مشکلِ توست."

"خواهش می‌کنم، فرهاد. بین ما هرچی بوده تموم شده. دیگه فایده نداره. ما رومون تو روی هم باز شده. ما به هم بی‌احترامی کردیم."

"دوباره شروع می‌کنیم. از سرِ نو."

"نمیشه."

"زیرِ پات نشستن؟"

"کی؟"

"این زنای بی‌شوهر. طلاق، شده مُدِ روز. آخه یکی نیست به شما زنا بگه، آخه اینم شد مُد؟ تا دیروز پا به پای من می‌خواستی تا قلّه‌ی قاف هم شده بیای، حالا چی شده یک دفعه‌ای به سرت زده و میگی مرغ یه پا داره. دوستم نداری؟"

"دارم. به خدا دارم. دیدی اون روز وقتی خواستم حرف طلاق رو به میون بیارم باهات خوابیدم. صبح بود. تو عجله داشتی بری دنبال یه معامله. می‌خواستی یه مغازه توی مرکز خریدِشیستا* معامله کنی. یادته؟ نخوابیدم؟ نگفتم دوستت دارم؟ نگفتم بعد از تو دیگه هیشکی؟ نه، نگفتم؟"

"خوب شارلاتانی هستی، زن! منِ خرو بگو خیال کردم داشتی نقشه می‌کشیدی واسه سندِ مغازهه و منم به اسمت کردمش. منِ خرو بگو... دروغ می‌گفتی... ها؟ مثلِ سگ... دروغ می‌گفتی، هنوزم داری دروغ میگی."

"فرهاد! "

"بگو! راست بگو، یه مردِ دیگه توکاره؟ حتماً پای یه مردِ دیگه... وگرنه چی بود..."

"فرهاد، مطمئن باش که مردی درکار نیست."

---

*Kista

"گُه."

"عفتِ کلام رو نیگه دار. من مادر بچّه‌هاتم. ناسلامتی."

"تو هیچ پُخی نیستی. یه روزی یه گُهی بودی، اما حالا هیچ گُهی نیستی. اگه خیال می‌کنی این‌طوری میتونی منو لجن کنی وُ مالمو بالا بکشی، کور خوندی."

- فرهاد، خواهش می‌کنم.

- اسمِ منو نیار توی دهنِ کثیفت!

نمی‌داند دارد فکر می‌کند یا بلند حرف می‌زند. باورش نمی‌شود. صدا، صدای او نبود. صدای مینو را می‌شنود: "تا کی میخوای به این وضع ادامه بدی؟ شاید اصلاً همه‌ی اینا یه بازیه. میدونی وقتی فرهاد ایرونه با کی میره، با کی میاد؟ زن نگرفته باشه؟" صدای خودش را می‌شنود که پاسخ می‌دهد: "کاش گرفته باشه. نه، فرهاد اهلِ زن و این حرفا نیست. مطمئنم." صدای مینو را می‌شنود: "از قدیم گفتن شلوارِ مرد که دوتا شد، هوس زنِ تازه میکنه. اونم نه هم سنّ و سالِ خودش. هم سنّ و سالِ بچّه‌ی خودش." و صدای خودش. و صدای مینو. باز همان حکایتِ هر شبه:

"از کجا مطمئنی؟ تو جنس مردا رو نمی‌شناسی. میگن وضعِ ایران خیلی خرابه. بذار یه چیزی برات بگم. اما به شرطی‌که بینِ خودمون بمونه. منیژه رو که دیدی؛ خواهرکوچیکه‌ی مسعود؟ هنوز ایران بودم، که شوهرش احسان از زندون دراومد. همه به شوخی بهش می‌گفتن احسان طبری. توده‌ای نبود، اکثریتی بود. امّا سبیلای باحالی داشت و بیشتر بهِش می‌اومد توده‌ای باشه تا اکثریتی. حالا بگذریم. احسان از زندون که دراومد گفت "ما دورِ سیاست رو خط

کشیدیم. از امروز نه با بچّه‌های سازمان کاری داریم، نه با دولتیا، گورِ بابای دوتاشون، هرغلطی می‌خوان بکنن. ما به خیر و شما به سلامت؛ آقایان فدایی" و از صفر شروع کرد. چطوری نمیدونم ولی چند سالی نکشید ما دیدیم احسان خونه خرید. میدونی کجا؟ تُو قیطریه. احسان دائم مشغول به کار بود. چه کاری؟ کسی نمی‌دونست. نه می‌گفت داره. نه می‌گفت از کجا میاره. اما منیژه می‌گفت یه شرکتِ حسابداری راه انداخته که خوب گرفته. الله اعلم... تو خودت تو بازار بودی، قانونِ بازارو میدونی... ببخش، منِ کون‌شور چی از بازارمازار حالیم میشه؟"

"باور می‌کنم. فرهادم همین‌طور بود. وقتی اومد سوئد یه پولِ سیام نداشت. اونَم از صفر شروع کرد. از یه دکه‌ی ساندویچ‌فروشی. واسه‌اش گرفت. میدونی فرهاد از سنگ پول درمیاره. بعضیا این‌طورین. واسه کارو ُ پول دراُوردن ساخته شدن."

"حالا... باید می‌اومدی وُ افاده‌های منیژه رو می‌دیدی. یه شبه شد شازده خانوم. لباسش از مِزُنای پاریس می‌اومد، وسایلِ خونه‌ش نمیدونم از کجا. دیگه خدا رو بنده نبود و به قولِ مامانم به کونش می‌گفت پیف پیف دنبالم نیا بو میدی. ولی خُب فرهاد با پولدارای این‌جوری خیلی فرق داره. فرهاد کلاس داره. تا جایی‌که میدونم، زیرِ بالِ خیلیا رو گرفته. مثلاً زیرِ بالِ این سعید. اگه کُمکای فرهاد نبود با کدوم جُربوزه می‌خواست از مرز بگذره بیاد تا این‌جا؟ پول مولی داشت؟ عرضه داشت؟ یا همین منصور؟ میدونی این آقایون وقتی خرشون از پل گذشت چی گفتن؟ رفتن وُ اومدن و هر جا رسیدن و هر کی رو دیدن، گفتن دستِ فرهاد توی دستِ قاچاقچیاس و پولاشون رو خورده. به منصورگفتم: مردِ حسابی برو این حرف رو به یه کی بزن که ندونه. هیشکی ندونه، من‌که میدونم آه نداشتی با ناله

سودا کنی. پولِت کجا بود که فرهاد بالا بکشه؟ یا اون سعیدِ کون لختی داداشِ مسعود رو بگو، که تُو چاله میدونِ تهرون وِل می‌گشت و و قتی اومد این‌جا گفت پیکاری بوده و زندون افتاده و شکنجه شده و دیگه نمیدونم چی و بعدم وقتی دید خرش از پُل گذشته پشت کرد به ناجیِ خودش. انصافم چیزِ خوبیه، مگه نه؟ خُب آدم باید یه جو انصاف داشته باشه، آخه آدمی که دستِش به دهنِش نمی‌رسید و یکی دیگه اومد زیرِ پر و بالشو رو گرفت و از منجلاب نجاتِش داد، چطوری حالا میتونه این‌طوری همه چیزو فراموش کنه و چاکِ دهنشو باز کنه هر چی میخواد بگه وُیادش بره کی و چیکاره بوده؟ میدونی این خانواده همه‌شون همین‌طورن. ده تا بچّه یکی از یکی عتیقه‌تر. به جز معصومه‌ی خدابیامرز. اون استثنایی بود. حالا بگذریم به زور شد زن یه آخوند. تا وقتی به کسی احتیاج دارن از آدم یه خدا می‌سازن. وقتی خرشون از پل گذشت، دیگه محلِ سگِ آدم هم نمی‌ذارن. اینا همه‌شون از یه قماشن؛ منیژه، مسعود، سعید. فرخنده. منصور. خُب هرچی باشه از شکمِ یه مادر اومدن بیرون. خب بگذریم اگه فرهاد نتونست شوهرِ خوبی واسه‌ی تو باشه ولی باید انصاف داشت که آدم خیّری بود. آدم که نمی‌تونه خوبیاشو ندیده بگیره."

صورتِ خسته‌ی شیرین از حسِّ قدردانی لبریز می‌شود. مینو بارها و بارها از بزرگی و آقاییِ فرهاد گفته بود و هر بار شیرین هم رنگ وُ هم‌صدا با او گفته بود: "کاش فرهاد بدونه تو این همه پشتِ سرش خوب میگی. اون خیال میکنه همه‌ش زیرِ سرِ توه. تویی‌که زیرِ پام می‌شینی تا طلاق بگیرم. میدونی فرهاد واقعاً همین‌طوره که میگی. مشکلِ منم همینه که اون زیادی خوبه، اونقده خوبه که هرکی هرچی بِهش میگه به جونِ دل گوش میده. حالام میدونم منظوری نداره، جا خورده، شوکه شده. نمیتونه حرفام رو بفهمه و

هضم کنه. نمیتونه بفهمه که رابطه‌مون شده رابطه‌ی فروشنده و مشتری. وگرنه... میدونی دیگه حوصله‌ی این مهمونیا و رقابتا رو ندارم. از این‌که باید هی دنبالِش راه بیفتم برم خونه‌ی فلانی و بهمانی و نشون بدم فرهاد یه سر و گردن از همه بالاتره... دیگه خسته شدم. از این همه تجمّل خسته شدم. میخوام درس بخونم و آرزوی پدرم رو برآورده کنم. میخوام به فرهاد ثابت کنم چند مرده حلاجم. میخوام ببینه که شیرین اهلِ عمله وُ فقط حرف نمیزنه. میدونی اگه یه سالِ آزگار تُو اون دکه‌ی ساندویچی‌اش نایستاده بودم، همون چند سال اول لیسانسم رو گرفته بودم. هی اومد و رفت وُ گفت: "درس واسه چیت، کی از راهِ درس به جایی رسیده، که تو بخوای برسی؟ وقتی وضعِ ما رو به راه بشه، کی یادِ یه تیکه کاغذ به اسمِ مدرک میُفته. بابا مامانت همهمه چیز رو فراموش می‌کنن." میدونی مینو، فرهاد حقّ داشت. همه چیز خوب پیش رفت. یه دکه شد، دوتا. دوتا شد یه رستوران. رستوران شد فرش‌فروشی. فرش‌فروشی شد شرکت تاکسیرانی، شرکتِ تاکسیرانی شد شرکت ساختمون سازی، بعدش شرکتِ کامپیوتر راه انداخت وهمین‌طور ادامه داد؛ شرکت پشتِ شرکت... امّا این همه با پولِ بابام. یعنی دکه‌ی اوّلی با پولِ بابام... حالا بگذریم. فرهاد دکه‌ی اوّلی رو نگه داشت. گفت؛ "اینه که بِهِم رزق و روزی داده." راسَم می‌گفت، درآمدِ این دکه‌ی چند متری هنوز که هنوز ازدرآمدِ بعضی شرکتاش بیشتره. خودم یه سال اون‌جا کار کردم میدونم. حالا بگذریم که فرهاد همه چیز رو انکار میکنه. میدونم منظوری نداره، دلش پُره. همه میدونن که اون مال وُ داراییش رو بی‌دریغ به هر کی شد، میبخشه، به زن وُ بچّه‌هاش نبخشه؟"

ساعتی از خوبی و محسناتِ فرهاد می‌گوید. اینک تلفن‌ها و داد و فریادهای هر شبه‌ی فرهاد را فراموش کرده‌است. به مینو نگاه می‌کند. ساکت است و حرف نمی‌زند. چشم‌هایش از ناباوری موج برداشته. با خود می‌گوید: "میدونم، باور نمی‌کنه. خودمم نمیتونم باور کنم. هم فرهاد رو دوست دارم، هم طلاق میخوام هم... منم مینو رو باور ندارم. از یه طرف میگه فرهاد رفته ایران زن گرفته، از یه طرف میگه..."

پلک‌های سنگینِ مینو را خواب پُرمی‌کند. می‌خواهد برود، امّا نمی‌رود. مثلِ وقت. که هم می‌رود و هم نمی‌رود. احساس می‌کند از ساعتِ آمدنش قرنی گذشته است. به ساعتِ مچی نیم‌نگاهی می‌اندازد: یک و نیم.

"دیگه باید برم."

"کجا تازه سرِ شبه."

"سرِ شبه؟ میدونی ساعت چنده؟"

"مگه فرقی داره ساعت چند باشه؟"

"فرق که نه، ولی به هر حال باید برم خونه. امّا نمیشه. انگاری باید بمونم. تو مشروب خوردی نمیتونی برونی. منم که نمیتونم این وقتِ شب، تو این تاریکی پیاده برم خونه. می‌مونم تا هوا روشن شه. اون وقت شاید هم‌زمان با مارتین برسم خونه. این‌طوری بدم نیست، شاید مارتین به یه چشمِ دیگه به دخترِ ایرونی نیگا کنه. می‌بینه منم میتونم تا صبح بیرون باشم. بعدش..."

"نمی‌پرسه کجا بودی؟"

"نمیدونم تا حالا پیش نیومده. شایدم بپرسه. تا ببینیم. اگه بپرسه بهِش جواب نمیدم."

"یا شایدم بگم: همون جا که تو بودی. پروانه میگه: *مردای سوئدی بی‌غیرتن*. ولی نمیدونم. باید امتحانِش کنم. اما با پروانه موافق نیستم، حالا اگه مردای سوئدی به زن حقّ میدن مثلِ مردا هرکار دلشون میخواد بکنن، که نباید این‌طوری گفت. اینا تفاوتای فرهنگیه. مردِ سوئدی از بچّگی این‌طوری یاد میگیره."

"راسته، میگن مردای سوئدی سردن؟"

"اینم ازون حرفاس. اونام خلقِ خدان، با بقیه فرقی ندارن. بینِ مردای سوئدی هم همه جوره پیدا میشه؛ ولرم، گرم، آتیشی، یه کوره‌ی آتیش، سرد، یخ، قالبِ یخ ... میتونی خودت امتحان کنی، ببینی راسته، یا نه. شایدم بد نباشه، اگه یه کی پیدا کنی شاید فرهاد دست از سرت برداره. میخوای داداشِ مارتین رو واسه‌ت جور کنم؟"

"نه حال و حوصله‌ی مردِ خارجی رو دارم، نه دوست دارم با زبون اجنبی حرف بزنم. از اینا گذشته فرهاد دیوونه میشه. تازه بعد از فرهاد کی...؟"

"اینم ازون حرفاس، شیرین. خُب دیوونه بشه. تو که مسئولِ دیوونگی اون نیستی. اون یه مرد بزرگ و عاقل و بالغه. تازه میکائل برادر مارتین کارمندِ کمونه. انگاری پست مُستی اون‌جا داره."

"حرفشو نزن. نمیشه. نمیتونم. با سوئدیا جور درنمیام. اگه یه روزی هم هوسِ شوهرکردن به سرم زد، باید یکی رو پیدا کنم که زبونش رو بفهمم."

"ای بابا. تو که مثلِ آب رَوُن سوئدی حرف میزنی. حالا من بگم یه چیزی."

"نه بابا... اون جورا هم تعریفی نداره. تازه زبون فارسی یه چیزِ دیگه‌اس. بِخدا نمی‌فهمم تو چطوری با مارتین از احساساتِ حرف میزنی؟"

"با زبونِ مرغی. زبونِ اشاره. مگه آدم فقط با زبون احساساتِش رو نشون می‌ده؟ اگه این‌طوریه، پس چرا هموطنای عزیزِ ساکن ایران از هم جدا می‌شن؟ تو چرا میخوای از فرهاد جدا بشی؟"

"راست میگی. ولی من همین‌قدر میدونم که باید یکی رو پیدا کنم که شغلِش آزاد باشه. میونه‌ام با حقوق‌بگیر جور درنمیاد. خونَم با شغلِ آزاد عجین شده. من دختر یه بازاریم."

"نکنه کپی فرهاد رو میخوای؟ ناقلا ... مگه تو خودت نگفتی از تجمّل و از این حرفا خسته شدی؟ خب حالا وقتشه."

"آره گفتم. ولی میشه بازاری بود و نشون نداد، میشه بازاری بود و دنبالِ تجمّلات نرفت... مثلِ بابام. یه عمری تو بازار بود و هیچ وقت دنبالِ اعیون و اشراف نیفتاد. ده تا کلفت تر وُ خشکِش می‌کردن، اما یه روزم به اونا به چشمِ زیردستیاش نیگا نکرد. باهاشون سرِ یه سفره می‌نشست. باهاشون حموم می‌رفت."

"کی بابات؟"

"خوشم میاد ازت که طبعِ شوخیت هیچ‌وقت از رونق نمیُفته، مینو. خب معلومه، منظورم مامانم بود."

"ولی تو داشتی از بابات می‌گفتی. معلومه حواست پرته."

"حالا... حالا از مامانم دارم میگم. با کلفتاش می‌رفت خرید، توی مهمونیا و جشنا کنارِ دستِش می‌نشستن، مثلِ همه‌ی خلق خدا. اما میدونی ایرونیایی که سی سال پیش اومدن این‌جا یه جورِ دیگن."

"چه جورین؟"

"ما ده پانزده تا ایرونی بیشتر نبودیم. به جز فنلاندیا و لهستانیا و ترکا، اونام زیاد نبودن. اون‌وقتا آدم اصلاً خارجی نمی‌دید. سوئدیا با یه چشمِ دیگه به آدم نیگا می‌کردن. کار فراوون بود. اما کی می‌خواست کار کنه، اون ده پانزده تا ایرونی شدن بازاری و شدن یه خونواده و کارشون شد چشم و هم‌چشمی. از همه زرنگ‌تر فرهاد بود. هیشکی به پاش نمی‌رسید. تو همون دکه‌ای‌که گفتم، که توی مرکزِ شهره، جون می‌کند. یعنی جون می‌کندیم. باهم. حالا بگذریم که فرهاد همه چیزو انکار میکنه. حتی انکار میکنه که دکه رو با پولای بابام خریده. ولی خُب میخواد لج کنه، وگرنه خوب میدونه. حالش که سرِ جاش بیاد، یادش میاد چه فدارکاریایی که واسه‌ش نکردم. یادش میاد که دائم وِردِ زبونش بود: عزیزم، *بدونِ تو زندگی محاله*. نه یادش نمیره. چطور ممکنه یادش بره. حتی وقتی نیاز و نازنین به دنیا اومدن، بعضی روزا اون‌جا کار می‌کردم. چون فرهاد می‌ترسید دکه رو دستِ کسی دیگه بسپُره. دستِ هرکی می‌سپرد، دزدی می‌کرد. اون دنبالِ پیداکردنِ دکه‌های دیگه و سر و سامون دادن به اوضاع بود. آره، فرهاد از سنگ طلا می‌ساخت، از دکه‌ها شرکت... حالا بگذریم که یادش رفته من چه سهمی این وسط داشتم. ولی خُب گفتم که خیال نمی‌کنم یادش بره. نه چطور ممکنه یادش بره؟ با شکمِ پُر تو اون دکه وایسادم و هی سوسیس سرخ کردم و رفتم تُو توالت عُق زدم."

"مردا همه‌شون همین‌طورن. یعنی مردای ایرونی. حالا فرهاد اقلاً یه خورده انصاف داره؛ داد میزنه، واسه این‌که خودش رو خالی کنه. بعدشم نازت رو می‌کشه و سرِ کیسه‌ش رو شُل میکنه. اما سعید داداشِ مسعود چی؟ زنش سودابه تا جون می‌کَنْد و دم نمیزد زنِ

خوبی بود. اما تا گفت طلاق، شد یه فاحشه. اومد وُ رفت پشتِ سرش گفت: سودابه خرابه. اونم به کی گفت؟ به سیما، به فاطی، به مهوش، به مصطفی، به غلام، به هر کی که سرِ راهش رسید. به خودم. اما دلش خالی نشد و نه برداشت و نه گذاشت، گوشیِ تلفن رو برداشت وُ زنگ زد ایران و به پدر سودابه گفت این دختره میخواد ادای زنای سوئدی رو دربیاره و از بغلِ یکی بره توی بغل یکی... میدونی شیرین، تا کجای آدم می‌سوزه؟"

"تو چی بهِش گفتی، وقتی گفت سودابه ...؟"

"چی؟ هرچی از دهنم دراومد. ولی مگه گوشش بدهکار بود."

"حالا واسه چی این‌کارا رو می‌کرد؟"

"واسه چی؟ واسه این‌که زنی نشد که اون می‌خواست. کاش اقلاً سودابه این‌طوری بود که اون می‌گفت. کاشکی رفته بود تُو بغل کسی. طفلکی سودابه. خودش واسم تعریف کرد: یه عمری بِهم تجاوز کرد. هی گفتم نمی‌خوام، هی حریص‌تر شد. بگذریم... این حرفا گفتن نداره. دیگه گذشته. سودابه رفت یکی رو پیدا کرد فقط واسه این‌که به سعید نشون بده میتونه و سعید دست از سرش برداره."

"برداشت؟"

"آره. بعد از دو تا گزارش پلیس و چند تا آبروریزی."

"نه بابا، خیال نمی‌کنم سعید هم‌چین تیپی باشه... خیال نمی‌کنم این‌طورا باشه که میگی... منظورم اینه که سودابه میگه یا گفته. سعید رو چند دفعه خونه‌ی خواهرِ فرهاد دیدم. با هم رفت و آمد داشتن. باور کن تا حالا ندیدم سعید روزی از سودابه بد بگه. برعکس دائم از خوبیا و فداکاریاش میگه. خودش بهِم گفت بدونِ

سودابه زندگیش میشه جهنم، اونم این‌جا... با این کاغذبازیا و زبونی که آدم هیچ وقت یاد نمی‌گیره. گفت؛ هنوز چند ماه نبود اومده بودن سوئد که سودابه *اس افی ای*[*]شو تموم کرد و کارپیدا کرد و... خلاصه من که نشنیدم سعید به جز خوبی حرفی از سودابه بزنه."

"بله. حقّ داری... هر چی شنیدی دُرُست شنیدی. اما یادت باشه این سعید میدونه کجا چی بگه. یه موش‌مرده‌ایه که نگو و نپرس. خوب میدونه کجا دهنشو باز کنه، کجا قفل. کجا بد بگه. کجا خوب. حالا اگه فاطی عمرش رو به تو نداده بود می‌رفتی ازش می‌پرسیدی. طفلی رو تختِ بیمارستون خوابیده بود و داشت جون می‌کَند؛ سعید رفت دیدنِش ناله و زاری سر داد که سودابه فلانه و بهمانه. که سودابه بِهِش خیانت کرده و بعدشم حرفایی زد که آدم حتی شرمش میشه به زبون بیاره."

"مثلاً چی گفت؟"

"مثلاً؟ مثلاً گفت: توی همه‌ی این سالا زنِ من همین دستام بوده. سودابه یک شب هم من رو به خودش راه نداده. میدونی شیرین، دیگه نمیخوام دراین‌باره حرف بزنم. حس می‌کنم داره حالم خراب میشه. شاید تقصیرِ خودِ سودابه بود که مثلِ خودش نرفت کولی‌بازی دربیاره و ازِش پیشِ در و همسایه بد بگه. طفلکی سودابه، تا روزی‌که سعید از خونه‌ش نرفت، حتی به خانواده‌ش هم چیزی نگفت. می‌گفت: چی بگم، مینو؟ گفتن نداره. مسئله‌ی من بود. مادرم چه مشکلی از مشکلای ما رو می‌تونست حل کنه؟ تازه من‌که نمی‌تونستم از سیر تا پیاز رو واسه‌ی مادرم بگم. آدم وقتی از

---

[*] کلاس‌های آموزش زبان سوئدی برای بزرگسالانِ خارجی.SFI

ماجرایی حرف میزنه نصفش رو میگه. نصفی‌که به خودش مربوطه. اون نصفی‌که به نفعِ خودِ آدمه. شاید هم سودابه راست می‌گفت، مثلاً الان..."

"خُب الان چی؟ چرا ساکت شدی؟"

"خُب چطوری بگم. مثلاً همین من... دارم از سودابه دفاع می‌کنم ولی تهِ دلم از خودم می‌پرسم آیا واقعاً این‌طوری بود که دارم میگم؟ اصل جریانِ چی بوده و حقّ با کی بوده و با کی نبوده... کی چی گفته، کی چی نگفته... سعید چی گفته، سودابه چی گفته، فاطی چی به سعید گفته، من چی شنیدم. مادر سودابه چی به سودابه گفته؟ خواهرای سعید چی گفته بودن... همه یادم رفته. مگه آدم چقده حرف توی مغزش جا میگیره؛ یه کیلو، یه خروار؟ طفلکی سودابه خودش هم یادش رفته، مشکلش با سعید چی بود. میدونی زمان رنگِ همه چیز رو عوض میکنه. دیگه نمیدونم، از این حرفا... و ببینم ما اصلاً از کجا به این‌جا رسیدیم؟ این حکایت سعید و سودابه هم شده قضیه‌ی راه‌ها، که میگن همه‌ی راه‌ها به روم ختم می‌شه، ما دو تام تا می‌شینیم یه گپی بزنیم سر از حکایتِ سعید وُ سودابه درمیاریم. تو داشتی می‌گفتی؟"

"چی می‌گفتم؟ یادم نیس. ولی تو یه حرف خوب زدی گفتی؛ زمان رنگِ همه چیز روعوض میکنه... خیال می‌کنی رنگِ فرهاد رو هم عوض میکنه؟"

"رنگِ فرهاد رو هم عوض میکنه. صبر کنی می‌بینی."

"خُب، پس تا رنگِ فرهاد و رنگِ قضایا مضایاها عوض نشده، دست به کار شو و داستانم رو بنویس. به قولِ سوئدیا؛ حافظه‌م خوبه ولی عمرش کوتاهه."

"خُب میگی از کجا شروع کنم؟ شهرزادِ قصّه‌گو."

"از هرجا تو بخواهی. امّا امشب نه. امشب خیلی کفِ پاهام می‌سوزه. تازه نویسنده‌ای تویی، من چی میدونم از کجا باید شروع کنی. بپرس تا بگم.

- خُب از همین کفِ پاهات شروع کن... بگو چی شده؟ چرا می‌سوزن؟"

"هیچی امروز خیلی راه رفتم."

"کجا؟"

"آه... بگذر. از این یکی بگذر. حالا باید برم یه کمی بذارمِشون تو وان آب سرد بگیرم روشون. شاید یه کمی سوزشون کم بشه."

"آره، بد فکری نیست... آبِ سرد واسه‌ی تمدیدِ اعصاب خوبه. منم یه چرت می‌زنم تا تو بیای. امّا راستی چرا این همه وقت هیچی نگفتی."

"چی بگم؟ دردایی از این بدتر هست. برم برات یه متکا بیارم."

"شیرین، متکا لازم نیست ولی تو رو به خدا این نوار رو عوض کن. آدم یادِ قرضاش میفته. یه گوگوش موگوشی، یه فرهاد مرهادی، یه چیزی‌که منو یادِ قرضام نندازه..."

"مگه موسیقی ایرونی چه شه؟"

"بگو چیش نیست... من حوصله‌ی چَهچَه و ناله شنیدن ندارم."

"عجب!"

"عجب نه. عجیب. عجیب، حوصله‌ی چَهچَه و ناله شنیدن ندارم. بابا خُب تو دلِ هریک از ماها هزارتا از این ناله‌ها هست. هر یک از ما

ایرونیا دهنشو باز کنه، یه چند تا دستگا مستگا ازش میریزه بیرون؛ شور، ماهور، بیات..."

"موسیقی ایرونی یعنی هویت ما ایرونیا... تازه من نه نوارِ فرهاد دارم، نه گوگوش. ولی تا دلت بخواد معین داریم، اگه میخوای واسه‌ت بذارم؟ یه لوس آنجلسی بذارم؟"

"لوس آنجلسی؟ نمیخواد بابا. اصلاً خاموشِش کن. چشامو می‌بندم وُ به دِلنگ و دلونگِ ناله‌های خودم گوش میدم."

اتاقِ بیمارستان مثلِ گودالِ عظیمی حذف لحظه به لحظه دهان باز می‌کند و او را در خود می‌بلعد. دلش می‌خواهد به اتاقکِ خودش برگردد. همان‌جا که اوّلین‌بار با مرتضی آشنا شده‌بود. مرتضی آمده‌بود پیمان را ببیند، می‌خواست کمکش کند کیس‌اش را بنویسد. اشتباهی در اتاقِ فاطی را زده بود. فاطی، اتاقِ پیمان را نشانش داده‌بود. اما پیمان در اتاق نبود. پس از مرتضی خواسته‌بود تا برگشتنِ پیمان مهمانش شود. و مرتضی پذیرفته‌بود. به همین سادگی طرحِ آشنایی و عشق ریخته‌شد. "به این میگن همینه عشق در نگاهِ اوّل، یعنی سرنوشت. وگرنه من کجا و مرتضی کجا؟"

مرتضی کیسِ فاطی را هم دُرُست کرده‌بود. فاطی به زودی از کمپِ پناهندگی به آپارتمانِ اجاره‌ای *تنستا** اسباب‌کشی می‌کرد. تا درآن‌جا زندگی تازه را شروع کند. و مرتضی برود در غیابش با دوستِ نزدیکترین دوستش پریسا روی هم بریزد و بعد هم با او ازدواج کند. تا پریسا برود و بیاید، پشتِ سر هم بگوید: "فاطی جنده. میخواد مرتضی رو از چنگم دربیاره. مرتضی خودش بهِم گفت. یه روزِ پیش از ازدواج. *پریسا، باید به قولی که به فاطی دادم وفا کنم.*"

مرتضی به خانه‌ی فاطی رفته بود تا نسخه‌ای از آخرین کتاب خود را به رسمِ یادبود هدیه کند به فاطی. در زده بود. فاطی در را باز کرده بود. مرتضی فقط گفته بود: "*فاطمه، راهِ شیری کهکشان‌هایم،* هنوز جلدش خیسه."

---

*Tensta

و رفته بود. وقتی برگشته بود، پریسا قیچی به‌دست و اشک‌ریزان داشت پیراهنِ سفیدِ شب عروسی را تکه تکه می‌کرد.

"پری جون، عزیزم داری چیکار می‌کنی؟ چرا داری پیراهنِت رو جر میدی؟ من‌که گفتم... باور کن بینِ من و فاطی هیچی نیست. ما فقط یه مدتی همین‌طوری... واسه سرگرمی..."

"بله، که این‌طور... واسه سرگرمی... خب بگو ببینم، منو تا کی واسه سرگرمی میخوای؟"

"این چه حرفیه میزنی؟ تو فرق داری. اون موقع تنها بودم. خیال می‌کردم..."

"دروغ میگی."

"راس میگم. باور کن پری. خدا یکی پری یکی!"

"و اون جنده خانم چی؟"

"پری جون دست وردار. به تو نمیاد از این حرفا بزنی."

پریسا کوتاه آمده بود، تا روزِ بعد بلوزدامنِ سبزِ یشمی هدیه‌ی مرتضی را تن کند و با مرتضی برود *اِستَدس‌هوسِت*♣ برای عقدِ عرفی، بی‌حضورِ آخوند. سعید و سودابه و مهتاب و علی هم شده بودند شاهدِ عقدِ رسمی و قانونی. روی کاغذ. با امضا. تا ابد؛ اگر نه، که تا پرده‌ی بعدی نمایش. به همین سادگی به عقد هم در آمده بودند. امّا ازدواج درمانِ عقده‌های پریسا نبود. عقده‌ها مثلِ یک غدّه در دلش ریشه می‌گرفتند و به شاخه‌های ابدی حسادت مبّدل

♣Stadshuset

می‌شدند. حتی وقتی مرتضی را راضی به ترکِ همیشه‌ی استکهلم و زندگی در پاریس می‌کرد، شاخه‌های حسادت خشک نشدند.

چمدان‌ها را باز کردند. انگار خاکِ سرزمین‌های پشتِ سر گذاشته را در چمدان کرده بودند و با خود آورده بودند. خانه‌ی کوچکِ اجاره‌ای زیرِ خرمنِ گرد و خاک از نگاه گم شد. گرد وُ خاک از لباس‌های مرتضی بود. بوی فاطی می‌دادند.

"این پیرهن رو با خودت اُوردی که فاطی از یادت نره؟"

"پری... این‌جام دست برنمی‌داری؟ تموم شد. تموم..."

"نه واسه من. شاید واسه تو."

"فقط تویی که ناتمومی. فاطی تموم شد."

"منم تموم میشم. یعنی تموم شدم. وگرنه تو با خاطره‌های یکی دیگه..."

"پری جون، عزیزم، دست بردار. ما اومدیم این‌جا که چی؟ که..."

"پس این لباسا..."

"بنداز بره. اگه این‌قدر اذیّت میشی، بیا... خودم همه رو یه جا میندازم تُو آشغالدونی... بیا الان چمدونو یه جا خالی می‌کنم... بیا خوب شد؟ حالا بگو، کدوم؟ کدوم یکی اذیّتت میکنه؟ این یکی... یا این یکی؟"

"همه‌شون."

"باشه. همه رو یکجا می‌ریزم توی سطلِ آشغال. آهان... راحت شدی؟"

"فکرش چی؟"

۶۰

"فکرِ کی؟"

"فاطی؟"

"پری... سا... خواهش می‌کنم. دست بردار. من فکری جز تو ندارم. حالا اگه بگم غلط کردم راحت میشی؟"

"غلط کردی که چی؟ که با من عروسی کردی؟ می‌دونستم. از اوّلش هم می‌دونستم. آدم میتونه لباس شو بندازه توی آشغالدونی ولی فکرشو نه..."

"می‌دونی چیه پری، اصلاً من نیستم. خدا حا..."

مرتضی رفته بود. کجا، پریسا نمی‌دانست. پس از دو هفته برگشته بود و با درِ بسته روبرو شده بود.

"پری، عزیزم درو باز کن. منم..."

"برو همون گوری که تا حالا بودی."

"پری!"

"پری مُرد. دیگه اسمش رو نیار!"

"باز کن، پری جون، تا واسه‌ت بگم، چی..."

"چی ... چی رو بگی؟ که رفته بودی سوئد؟ که رفته بودی پیش اون خانوم دَگوری؟"

"پری، در شأنِ تو نیست این حرفا."

"بله در شأنِ توست که هر غلطی میخوای بکنی، بکنی... که چی که مَردی؟"

"بله. رفته بودم سوئد، ولی نه واسه دیدنِ فاطی. باورکن. رفته بودم با نشرِ شقایق یه قرارداد بنویسم. حالا در رو باز کن!"

"نمی‌کنم. باز نمی‌کنم. نه در رو باز میکنم و نه دیگه حرفات رو باور می‌کنم. خیال می‌کنی مردم کور و کرن. همین چند دقیقه پیش با فائزه حرف زدم. برو اول حسابت رو با اون فاطیِ خوشگلت تصفیه کن و بعد به این دوستِ نازنینت فائزه خانوم بگو دست از سرِ کچلم برداره."

"پری... خواهش می‌کنم. این حرفا..."

"اون ممه رو لولو برد."

"باز کن."

"نمی‌کنم."

و مرتضی دیگر التماس نکرده بود و یک‌راست به ایستگاهِ راه آهن رفته بود و سر از آمستردام و کافه‌های آمستردام در آورده بود، تا بعدها اعتیاد را دندانِ نیش کند و به تنِ پریسا فرو کند. پریسا، امّا آرام و قرار نداشت. خود را در خانه‌ی یک اتاقه‌ی کرایه‌ای در خیابانِ کِریمه زندانی کرده‌بود. و تنها دلخوشی‌اش تلفن‌های فائزه بود: "مرسی، فائزه جون... ای بدنیستم... روزگار می‌گذره... خونه‌مم بد نیست... آدم توی این محلّه احساس غریبی نمی‌کنه... میگن محلّه‌ی عرباس... این خیابون کریمه... مثل *عراب دالن استکهلمه*... حالام که تنهام... وُ مدیونِ تو وُ خوبیای تو... و این ... این مرتضای خیرندیده... اگه...دستم... میدونی فائزه، حالم اصلاً خوب نیست. از درون داغونم. بدتر از حالم وضع اقتصادیمه. سوسیال فرانسه مثلِ سوسیالِ سوئد

نیست. منم که فرانسه بلد نیستم. با یه مِقسی بگو وُ یه بُن ژو♣ که کارِ آدم راه نمیُفته... زبون میدونستم، یه چیزی... اون وقت شاید می‌شد یه کاری پیدا کرد."

"خُب، برگرد سوئد."

"نمیتونم. به داییم چی بگم؟"

"داییت با تو چیکار داره. تو یه زنِ بزرگ و بالغی."

"نه، نمیشه. داییم بود منو اُورد سوئد. به خانواده‌م قول داده‌بود زیرِ پر و بالم رو بگیره. نمیدونی وقتی فهمید زنِ مرتضی شدم، چه داد و هواری راه انداخت. گفت: رفتی زنِ یه تریاکی شدی؟ اونم بیست سال از خودت بزرگ‌تر؟ هرچی گفتم دایی جون، مرتضی فوق مهندسه، نویسنده‌س قبول نکرد. زنگ زد به پدر و مادرم که از امروز من هیچ مسئولیتی در قبالِ دخترتون ندارم. اون روزا حالیم نبود. به خودم گفتم به دَرَک، مگه بدهکارشم. داییمه که باشه. ولی حالا فرق داره. اما حالا اگه بفهمه مرتضی گذاشته وُ رفته، خیلی بد میشه. تازه بیام سوئد چیکار؟ سایه‌ی فاطی اینجام دست از سرم برنمی‌داره."

"حالش خوب نیست."

"چه شه؟"

"سرطان گرفته."

"جزای کاراشو می‌بینه، زنیکه فاحشه. حالا آقا مرتضی بکشه."

"رفته آمریکا. واسه همیشه."

♣Merci –Bonjour

"که این‌طور! می‌بینی، وفای مرد رو می‌بینی؟ پرنده‌ی فاطی خانوم پرید؟ تا دید اوضاع قمر در عقربه، پرنده پرزد پرید؟ رفت؟"

در دلِ پریسا بارقه‌ی نوری درخشید. آمریکا، راهِ نجاتِ او بود. حال هرطور شده باید شماره‌ی تلفنِ مرتضی را پیدا می‌کرد. چه کسی *بهتر از فائزه؟* هر چه باشد بهترین دوستش است و هیچ وقت روی پریسا را زمین نمی‌گذارد. تنها کافی‌ست دندان روی جگر بگذارد و کبوترِ زخم‌خورده‌ی دل را زیرِ جلدِ کبره بسته پنهان کند و بگوید: "از خرِ شیطان پایین آمده و اشتباه کرده..."

پریسا مثلِ همیشه دست به دامنِ فائزه شد و فائزه بعد از دو هفته پرس‌وُجو موّفق شد آدرسِ محمّد دوستِ مرتضی را پیدا کند وُ به پریسا بدهد. پریسا بلافاصله نامه‌ای به مرتضی نوشت:

"مرتضی، به خدا دارم دیوونه میشم، باورکن اشتباه کردم. تقصیرِ من نبود. این فائزه بود که مغزم رو با قصّه‌هاش می‌خورد. باور کن، سه سالِ آزگاره که خودمو تو خونه زندونی کردم و انتظارت رو می‌کشم. به خونه‌ات برگرد..."

پریسا نامه را که در صندوق پست انداخت، خورشید، آفتابِ عالَمتاب را در آسمانِ قلبِ او پخش کرد. و زمزمه‌ای در سرش پیچید: صبر کن، پام به آمریکا برسه، زنی بهّت نشون بدم که خودت حظ کنی، مرتیکه الدنگ. خیال کرده میتونه به این راحتی از دست من در بِرِه."

در اتاقکِ زیر شیروانی نشسته بود و سیگار می‌کشید. بیش از یک هفته می‌شد که از خانه بیرون نرفته بود. کجا از این گوشه امن‌تر؟ محمّد در زد: "بیا تو! "

"یه نامه داری."

"نامه؟ اژ کی؟"

"از پریسا."

محمّد وارد اتاق شد. جبهه‌ای از دود وُ غبار و بوی کفش و عرق و جوراب بر او هجوم آورد. سری تکان داد و نامه را به مرتضی نشان داد. مرتضی بدون این‌که به نامه نگاه کند گفت: "مال من نیش."

"مرتضی خان، مطمئنی نامه مال تو نیست؟"

"داداشم ممدی... خیال می‌کنی این بنگ و منگ همه‌ی حافژه‌مو اژم گرفته باشه؟ نه داداشم... دل وُ رود وُ معده رو گرفته، امّا این یکی رو نه... نگرفته... ما ناشلامتی هنوژ میتونیم شره رو از ناشره تشخیص بدیم... بیا داداشم... این نامه رو واشه خود این خانوم پش بفرِش... و یادت باشه که من کشی به اشمِ پریشا مریشا نمی‌شناشم. ژیر نامه‌ش دو خط بنویش: خانوم جون حتماً عَوَژی گرفتی. دشتت درد نکنه داداشی..."

"آخه برادرِ من، این‌طوری که نمیشه. چی بنویسم؟ بنویسم: پریسا خانم سلام! با عرض پوزش باید به اطلاعِ شما برسانم که دوستی به نامِ مرتضی دارم. نامه‌ی شما را به او دادم، اما ایشان می‌گویند کسی به این نام، یعنی نامِ شما؛ خانمِ پریسا نمی‌شناسند. موفق باشید! محمد؟"

"آفرین داشَم. همین‌طوری عالیه. دشت و پنجه‌ت درد نکنه. امّا داشَم بهتره ننویشی؛ کشی به اشمِ مُرتژا می‌شناشی... اَشلاً چرا بنویشی می‌شناشی؟ هان!"

پریسا از خواب و خوراک افتاد. نامه‌ی برگشتی جان وُ جسم وُ روح وُ روانش را خراش داد. حالا دیگر فائزه و تلفن‌ها و داستان‌هایش هم دردی را دوا نمی‌کرد. فائزه دیگر حرفی برای گفتن نداشت. همان حرف‌های هر روزی و تکراری را با همان جمله‌های قدیمی تکرار می‌کرد: "فاطی حالش خیلی خرابه. انگار روزای آخرشه. فاطی با التماس و دُعا به مینو گفته بود: مینو، قول بده، قصّه‌ام رو یه روزی بنویسی و مینو بهِش قول داده. خودم شنیدم پریسا، مینو بهِش گفت؛ بگو از کجا شروع کنم. و فاطی گفت: از سودابه. از سعید که دیروز اومد و گفت؛ زنش دستاش بوده، هی جَلق زده تا خسته شده رفته... امّا این رو ننویس. بنویس سعید زنش سودابه رو دوست داره. بنویس سعید زنش سودابه روخیلی دوست داره. بنویس سعید هنوز دوستِش داره، مینو! بنویس... از سعید وقتی هنوز دستاش زنش نشده‌بود.... از سودابه بنویس وقتی هنوز شوهرِ ایرونی‌شو با یه مردِ سوئدی عوض نکرده‌بود... مثلِ تو مینو! و بنویس که سودابه‌ی قصّه، قصّه‌ی سودابه باقی میمونه، چون سودابه خوب میدونه این استفان واسه‌ش شوهر نمیشه... راست میگه سعید؟ شوهرِ سودابه الکلیه؟ استفانِ سودابه الکلیه؟ نه، مینو ، نه اینو ننویس. این حرفا نوشتن نداره. بنویس سودابه‌ی قصّه‌ی ما از دستِ خواب و خیال رها شده و برگشته رفته سر خونه زندگیش... میدونی مینو؟ از اعتیادِ مرتضام هیچی ننویس. گفتم این چیزا نوشتن نداره. از شیرین بنویس. هر چی باشه وضعِ اون فرق میکنه. ولی یادت باشه از

التماس‌های شیرین و خانم شیشه چیزی ننویسی. نه، این‌ها نوشتن نداره. بیا اصلاً از خودت بنویس، مینو. از خودت و مارتین بنویس، مینو!"

"ولی فاطی جون، عزیزم ، تو که گفتی، قصّه‌ی تورو بنویسم، حالا از همه میگی به‌جز خودت؟ آخه فاطی جونم قربون دلت و غمِ دلت برم، تو هم شدی مادرم، همه‌ش می‌شینی و غم و غصّه‌ی آدمای دیگه رو میخوری؟ نخورم چه کنم؟ اوکی... یعنی تو هیچ کار دیگه‌ای نداری جز غصّه خوردن... بگذر... منم میرم قلم کاغذ بیارم، آماده‌شو از نو تعریف کنی. باشه؟ میدونی باید بعضی حرفات رو یاداشت کنم، یادم نره. مینو، قلم کاغذ میخوای چکار؟ تو دفترِ دلتو بنویس! صبرِ من شیشه‌ای... نرو مینو، کاغذ قلم نمیخوای. گوش کن! یکی بود یکی نبود. زیرِ گنبدِ کبود هیشکی نبود... نه خدا بود، نه آدماش..."

هنوز صدا قطع نشده‌است؛ از گوشیِ تلفنِ آویخته می‌آید و در حلزونیِ گوش پریسا می‌پیچد. حرف‌های فائزه تمامی ندارد. ولی بی‌حوصله است. دیگر حوصله‌ی شنیدنِ هیچ حرفی را ندارد. حتی حوصله‌ی حرف‌های خودش را.

مینو با نوکِ انگشتِ اشاره زنگِ خطر را فشار می‌دهد. پرستار می‌آید. و حالا انگشتِ اشاره‌ی دستِ راستِ مینو از روی زنگ پایین آمده و دنبالِ دستمالی می‌گردد. حوله‌ای روی میز می‌بیند. به ساعتِ دیواری نگاه می‌کند. عقربه‌ی ثانیه‌شمار یک ثانیه به جلو می‌پَرد. فاطمه خون بالا می‌آورد و در آغوشِ مینو جان می‌دهد. "فاطی عزیزم، حالا چه وقتِ جون دادنه. حالا چه وقتِ جون دادنه که داری این‌طوری مثلِ مرغِ پرکنده بال بال میزنی؟"

فاطمه صبر می‌کند تا مینو حمامِ خون بگیرد و بوی خون قصّه شود.

مینو حمام خون می‌گیرد. بوی خون قصّه می‌شود. قصّه فکر می‌شود. فکر یک نیلوفرِ آبی می‌شود و از لای ران‌های مینو، از میانِ سیلِ خون، سبز می‌شود و شاخ و برگ می‌دهد. شاخه به گل می‌نشیند، یک پیچک می‌شود، به قامتِ کوچکِ فاطی. پیچکی با یک گلِ نیلوفرِ آبی، با رنگِ خون آمیخته. از خواب می‌پرَد؛ شیارهایی روی ملحفه می‌بیند. بوی خون به مشامش می‌رسد. سر مثلِ دریای متلاطمی به جوش وُ خروش می‌افتد. انگار گوشیِ تلفن را برداشته و به شیرین زنگ زده‌بود:

"شیرین، بیداری؟"

"آره. چیزی شده؟"

"نه. برگای زیادی ریخته‌بود."

"برگ؟ از چی داری حرف میزنی؟"

"از درخت. درختِ خون."

"کدوم خون؟ حالتِ خوبه مینو! من خیال می‌کردم فقط منم که دارم دیوونه میشم. حالا بگو ببینم چی شده؟"

"جنگ بود. یعنی نبود. یعنی هم بود و هم نبود."

"چی هم بود و هم نبود؟"

"جنگ... هم بود. هم نبود. سرش روی زانوم بود، داشت از فرارِ خواهرش به ترکیه می‌گفت... امّا یِهویی غیبِش زد. گفت کارِ قاچاقچیه‌س. نمیدونی شیرین، چه رنگی، چه رویی... عینِ یه تیکه ماه. بیست ساله مثلِ یه دسته‌ی گل. بعد برادرش سروش اعدام شد. بعد باباش سرطانِ معده گرفت و مرد. بعد مادرش دق کرد رفت. بعد

هم مرتضی ولش کرد. وبعد هم مرتضی بود که دست از سرش برنمی‌داشت. بعد سعید رفت و بهِش گُفت مثلِ یه مردِ ذلیل، زنش دستاش بوده. بعد من رفتم سرش رو گذاشتم روی زانوام گفتم میدونی فاطی چی شده؟ با نگاه پرسید چی شده؟ بِهش گفتم؛ مهران داداشم معتاد شده، حالام نمیدونم چکارکرده که گرفتنش... افتاده زندون. بعد موهاش رو ناز کردم گفتم: مادرم گفته بیست میلیون بفرستم تا زندونیِ داداشی رو بخره. بیست میلیون؟ با کدوم حقوق؟ با ماهی ده هزار کرونِ حقوقِ کون‌شوری، فاطی جون؟ بعد گفت: جورش کن. دنیا دو روزم نیست. نیگا کن! نگاهش کردم. گفت: روی مامانت رو زمین نداز، خوشحالش کن. گفتم بعدش چی؟ حالام فرض کنیم این پول رو فرستادم و مهران هم از زندون آزاد شد، بعدش چی؟ با کدوم پول اعتیادش رو ترک کنه؟ با پولای مامانم؟ با شندرغازِ پولِ بازنشستگی بابای خدابیامرزم؟ گفت: جورش کن. دنیا دو روزم نیست. به من نیگا کن. گفتم: آخه از کجا؟ از سرِ قبرم؟ مگه سرِ گنج نشستم. با این شندرغاز حقوقِ کون‌شوری؟ گفت: خیرش رو می‌بینی. اینم دُرست میشه. سرش هنوز روی زانوم بود. برگشتم خونه پول رو جور کردم. وام گرفتم فرستادم. مارتین فهمید دادی سرم کشید که هنوز تا هنوز گوشم درد میکنه. فردای اون روز دوباره رفتم دیدنش و همه چی رو واسه‌ش تعریف کردم. بِهش گفتم نمی‌دونستم مردای سوئدی هم سرِ آدم داد میزنن. گفت: حالا کجاش رو دیدی. خودم یکی داشتم میدونم. سرش هنوز روی زانوم بود. داشتم موهاش رو شونه میزدم.

تا اون روز خیال می‌کردم مرتضی اوّلین و آخرین خداش بود، اما اون روز فهمیدم خدا رو هم میشه عوض کرد. گفت؛ مرتضی رفت، اریک اومد. بعد کلی از اریک گفت، مثلاً این‌که اریک بهِش گفته؛ زنای سوئدی مَردن، زن نیستن. بعدش گفت که از این حرفِ اریک

اصلاً خوشش نیومده و بعد از یه ماه همه چی تموم شد، دیگه اریک بی اریک. خُب هم این‌که سر وُ کلّه‌ی مرتضی دوباره پیدا شده‌بود، هم این‌که فهمیده بود اریک تا حالا سه تا زن از تایلند اُورده وُ کتک زده و آش وُ لاش کرده و پس فرستاده. و بعدش هی فاطی گفت به سودابه بگم برگرده پیشِ سعید، هرچی باشه سعید ایرونیه وُ زبونِ همدیگرو می‌فهمن. با سوئدی نمیشه کنار اومد. من که نتونستم. تو تونستی مینو؟ راستش رو بگو تو تونستی؟ هنوز سرش روی زانوام بود. داشت خون بالا می‌آورد. دستمالی گرفتم جلوی دهنش، زنگ رو به صدا درآوردم. بهِش گفتم فاطی قول میدم. قول میدم داستانت رو بنویسم. امّا به شرطی که زنده بمونی. بعد پرستاری اومد و پرستاری رفت. پرستار اوّلی که اومد داشتم حموم می‌گرفتم. بعد با همون دستمالی‌که دهنِ فاطی رو پاک کرده‌بودم، داشتم خودم رو لیف می‌زدم و می‌گفتم: خونت از آبِ زلال وُ پاک هم پاک‌تر وُ زلال‌تره، بوی گلاب میده. بوی گلابِ قمصر میده. قمصرِ کاشون. فاطی عزیزم. قربون دلت برم... که بزرگ بود مثلِ غم‌هات، چرا باید خاک سقفِ خونه‌ت بشه؟ به ساعتِ دیواری نگاه کردم. فقط یه ثانیه گذشته بود. در همون یه ثانیه رسیده بودم سرم رو با خون فاطی بشورم. پرستاری اومد وُ گفت: حالت خوبه مینو؟ کمک میخوای؟ گفتم: نه. نمی‌بینی دارم دوش میگیرم. اون پرستاره رفت و دوّمی اومد و گفت: حالت خوبه مینو؟ کمک میخوای؟ میخوای فَاطی رو واسه آخرین دفعه ببینی. گفتم: نه کریستینا (اسمش رو از روی پلاکِ سینه‌ش خوندم) نمی‌بینی دارم دوش میگیرم. وقت ندارم. این یکی هم رفت و پرستار سوّمی اومد: حالت خوبه مینو؟ کمک میخوای؟ فَاطی رو بردن سردخونه. میخوای تاکسی بگیرم بری خونه؟ گفتم: نه اینگر (اسمش رو از روی پلاکِ سینه‌ش خوندم) نمی‌بینی دارم دوش میگیرم؟ وقت ندارم. وقتی دوش گرفتنم تموم

شد بهِت خبر میدم. اما بگو حالا ساعتِ چنده؟ ببینم این ساعت دیواری از کار افتاده؟ حالا اینگر رفته‌بود و لیندا اومده بود. از روی پلاکِ سینه‌اش فهمیدم لینداس، صورتش رو نمی‌دیدم. بالای سرم ایستاده بود. سرم رو بلند کردم پلاکش رو دیدم. گفتم: ببینم این ساعت دیواری از کار افتاده؟ گفت: ساعت دُرُسته، سه وُ دوسه دقیقه‌اس.گفتم: امکان نداره. ساعت سه داشتم با فاطی حرف می‌زدم. گفت: اون وقت ساعت سه بود. گفتم: یعنی من فقط یکی دوسه دقیقه دوش گرفتم؟ گفت: آره. تو یه چند دقیقه‌ای رو صندلی خوابت برده. صدای پرستارِ اولی مارگارتا بود که داشت فاطی رو با خودش می‌برد. گفتم: کجا می‌بریش؟ نبرا! خونش بند میاد اگه ببریش. اگه خونش بند بیاد پس من چطوری حموم کنم؟ امّا نرفته برگشت. بدونِ فاطی. گفتم: یعنی از این‌جا تا سردخونه یه دقیقه راهه؟ گفت: از یه دقیقه یه‌کمی کم‌تر. دوباره گفت: میخوای حالا دوش بگیری؟ گفتم: پس از اون وقت تا حالا دارم چکار می‌کنم؟ نمی‌بینی دارم خودم رو کیسه می‌کشم؟ خب تو فاطی رو بردی، خون بند اومد. گفت: بیا. بیا زیرِ دوشِ آب. خونا الان روی تنِت خشک میشن. گفتم: این خون هیچ‌وقت خشک نمیشه. خونِ ایرانی هیچ‌وقت خشک نمیشه. این خونِ شما سوئدیاس که زود خشک میشه. شماها اصلاً خون ندارین. برو توی آینه به صورتت نیگا کن. رنگِ پوستِ مُرده‌است. نه مرده‌ی فاطی. تو که دیدیش تنِش از خونش خالی شد، اما گونه‌هاش هنوز مثلِ دوتا سیبِ سرخ بود. آبدار. گفت: خون بود. لکه‌ی خون بود روی گونه‌هاش. مینو تو حالت خوبه؟ کمک میخوای؟ بیا زیرِ دوش. بعد پنج‌تایی؛ مارگارتا، اینگر، لیندا، کریستینا و اون پنجمی‌که هیچ وقت نرسیدم پلاکِ روی سینه‌اش رو بخونم، زیرِ بغلم رو گرفتن و منو بردن زیرِ دوشِ آب، بعدم با حوله خشکم کردن و لباسام رو به زور کردن تنم و با تاکسی

فرستادنم خونه. ولی تا سوارِ تاکسی شدم و تاکسی راه افتاد، در تاکسی رو باز کردم وُ پریدم بیرون... حالا ندو، پس کی بُدو... تا جون داشتم دویدم... تا رسیدم خونه. به خونه که رسیدم دیدم مارتین روی تخت خوابیده. پاورچین پاورچین رفتم به طرفِ تخت‌خواب تا بیدارش نکنم. وقتی رفتم زیرِ ملافه دیدم جا تره و بچّه نیست: خرسکه بود، زیرِ ملافه. طوری اونو زیرِ ملافه جا داده‌بود که انگار خودِ خودش بود. زیرِ ملافه مچاله شده‌بود و پاها رو روی شکم جمع کرده بود. عادتشه این‌جوری بخوابه. هیکلِ گُندَش میشه قدِ یه خرسک. قدِ خرسکِش. از روی ملافه شکلِ جنین میشه وقتی این‌جوری میخوابه. میدونی بعدش چی شد؟ بعدش به خواب رفتم. با خرسکِ توی بغلم. بیدار که شدم دیدم هم جنگ بود وُ هم نبود..."

"مینو... بیدار شو... بیدار شو، مینو. تو داری خواب می‌بینی... تو داری خواب می‌بینی مینو.... حالا بیدار شو! بذار من حالا از بیداریام واسه‌ت بگم تا شاید حالت سرِ جاش بیاد."

"هم جنگ بود. هم نبود. سرش روی زانوم بود، داشت از فرارِ خواهرش به ترکیه می‌گفت که یِهویی آتش بست شد..."

"مینو خواب دیدی. میخوای ببرم تو ماشین بیام پیشت؟"

"بعدش دیگه سرش روی زانوم نبود وقتی داشتم حمامِ خون می‌گرفتم. همه‌ش تقصیرِ مارگارتا بود، با اون لبخندِ مصنوعی. گفت بیا زیرِ دوشِ آب. هر چی گفتم نه نمیام گفت: نمیشه خون خشک میشه. بهِش گفتم: خون داریم تا خون. قبول نکرد، که نکرد."

"گوش کن، مینو ، فرهاد خونه رو گِرو گذاشته. شنیدی چی گفتم؟ خونه‌ام رو گذاشته گِرو وُ وام گرفته... گوش کن مینو، این آقا فرهاد..."

"بعدش نرسیدم پلاکِ روی سینه‌اش رو بخونم. پنجمی بود. اگه مارگارتا نبود می‌شد با اون یکی کنار اومد..."

"مینو. تو رو بخدا دست بردار. گوش بده. فرهاد خونه رو گِرو گذاشته. می‌شنفی؟ خونه‌ام رو گذاشته گِرو و وام گرفته. گ...رو... بلندتر بگم تا تو از خواب بپری؟ رهن خونه... رو. همین خونه... همین خونه‌ای که همین چند روز قبل گفتی بفروش به زندگیت سامون بدم... اینو گذاشته گِ... رو."

"بعد پنج‌تایی، مارگارتا، اینگر، لیندا، کریستینا و اون پنجمی‌که نرسیدم پلاکِ روی سینه‌اش رو بخونم، زیرِ بغلم رو گرفتن و منو بردن زیرِ دوشِ آب و هی شُستن و هی لیف زدن، با دستمالای پبنه‌ای که بوی الکل و اِتِر می داد، هی منو لیف زدن، داشت حالم به هم می‌خورد که با حوله خشکم کردن وُ به زور لباس تنم کردن وُ با تاکسی فرستادنم خونه، اما قبل از رسیدن به خونه از تاکسی پریدم بیرون... اینقده دویدم... که حالا پاهام... کفِ پاهام شدن مثلِ..."

"مینو! مینو تو رو به‌خدا بیدار شو، بس کن! بِخدا دیگه تحمّلِ شنیدنِ خوابات رو ندارم، وضعِ خودم به اندازه‌ی کافی قاراش‌میشه. روزا باید با خانم شیشه و اداره‌ی بیمه کلنجار برم. شبا با فرهاد. تو رو بِخدا اینقده از خون حرف نزن. مگه نمیدونی از خون می‌ترسم؟"

"حموم کن... با خون... ترس از سرت می‌پره... ترس مثلِ اِتِره، می‌پره... اگه..."

"چی؟چی میگی مینو؟ مگه ترس خوابه که از سرم بپره؟ تو رو بِخدا بگو چکار کردی؟ رگِ دستت رو زدی؟ رگِ پاتو زدی؟ به پلیس زنگ بزنم؟ خدایا گوشی رو بذار تا کمک خبر کنم."

"کمک واسه چی؟ حالم خیلی خوبه. فقط بعدش که اومدم خونه دیدم خرسِ مارتین شده دُرُست شکلِ خود مارتین: پاها تُو بغل، دستا مشت کرده، روی صورت؛ دُرست مثلِ یه جنین. منم بغلِش کردم. نازش کردم، ولی نمیدونم بعدش چی شد که فقط ..."

"مینو تو رو به‌خدا دست بردار. دختر انگاری قاطی کردی؟"

"نه خل نشدم. هنوز خُل نشدم. فقط نمیدونم بعدش چی شد. همین‌طوری‌که خرسکِ مارتین توی بغلم بود جون درآورد و رفت لای رونام و از اون‌جا به بعد نمیدونم چی شد. یهِویی غیبِش زد..."

"حتماً از پنجره پرتش کردی بیرون."

"نه. پنجره بسته بود. توی سرمای فوریه کی پنجره باز میذاره. تُو این زمهریر؟ خرسِ مارتین غیبش زده بود، آب شده رفته زیرِ زمین. فقط همین... حالا اگه مارتین بیاد چی بهِش بگم. بدونِ این خرسک نمی‌تونه نفس بکشه. از بچّگی باهاشه. هدیه‌ی تولّدِ یک‌سالگی. نجاتم بده. شیرین!"

"باشه... تو گوشی رو بذار! من الان میام با دو تا خرسک. خرسکای نیاز وُ نازنین. اونا دیگه بزرگ شدن وُ خرسک‌بازی نمی‌کنن. تو فقط این گوشی رو بذار."

گوشی را می‌گذارد. با موبایل صد و دوازده را می‌گیرد:

"الو؟ آقا. عجله کنین! دوستم... دوستم خودکشی کرده. خودکشی که نه، نمیدونم چی کرده... یعنی نمیدونم... یعنی... شایدم نکرده. ولی خرسکه... یعنی نه، خرسکِ خودش... خرسکِ مارتین. *اسمش چیه؟* مینو. *مِنو نه، مینو. از چه نژادیه؟* مگه سگه که نژاد داشته باشه؟ آها... منظورتون شاید ... خب معلومه آریاییه. *آریاییه دیگه چه نژادیه؟* چی، چه سگیه؟ آقا آریایی سگ نیس. *پس چیه؟* آقا! دارم از دوستم حرف

میزنم. مینو دوستمه و یه خانمه. و خرسکه هم سگ نیس. فقط یه خرسکه. راستی راستی یه خرسکه. خرسکِ *مارتینه که خودکشی کرده*؟ خودکشی که نه ... آقا، یعنی گم شده، غیبِش زده. نه آقا... من که گفتم خرسک سگ نیست، یه خرسکه. خرسکِ راستی راستی. فقط یه خرسک از اونا که شماها بهِش میگن... آهان یادم اومد: نَلّه♣. از اون پشمالوا. نه گربه هم نیست. بخدا جناب، راست میگم. باورکنین، حالم خوبه. مست هم نیستم. آقا. تو رو بِخدا آقا زود باشین. شاید دیر بشه. آدرس؟ تِبی♦. اسمِ خیابون؟ اسمِ خیابونو نمیدونم، ولی از مرکزِ خرید دور نیست. میتونین بیان درِ خونه‌ام تا راهو بِهِتون نشون میدم. آدرس؟ تِبی سنتروم. نَلّه پو♥. شماره‌ی صفر. همچین *آدرسی توی تِبی نیست*؟ صبر کن آهان... یادم اومد، خیابون ما اسمش بیِانگوِگن♠شماره یک...*گوشی رو بذارم*؟ باشه جناب... چَشم میذارم. امّا جناب، لطفاً عجله کنین... شاید دیر بشه. *بله، عجله می‌کنین*؟ مرسی جناب. خدا عوضِتون بده. *چی گفتم*؟ هیچی جناب، حواسم نبود فارسی باهاتون حرف زدم. یعنی گفتم ...یعنی هیچی ... من فقط باهاتون خداحافظی کردم، گفتم: هی دو♣.

♣Nalle

♦Täby

♥Nalle Pu

♠Byängsvägen

♣Hejdå

شیرین روی کاناپه نشسته و به شجریان گوش می‌دهد. گوشی تلفن سیّار از دستش افتاده زمین بوق می‌زند. چند دقیقه به خواب رفته‌بود نمی‌داند. زنگ در به صدا می‌آید. خیال می‌کند صبح است. به سرعت از جا بلند می‌شود.

"خودشه. خانم شیشه. میخواد ببینه خونه‌ام. از ساواکیا کم ندارین اینا."

با عجله از پلّه‌ها پایین می‌رود. از چشمیِ در نگاه می‌کند مینو را می‌بیند، دارد مارتین را می‌بوسد. منگ است. نمی‌داند بیدار است یا خواب. چند بار چشم‌ها را می‌بندد و باز می‌کند. پلک‌ها را می‌مالد. دوباره از چشمی به بیرون نگاه می‌کند. خواب نمی‌بیند، مینوست، پشتِ در. مارتین را می‌بیند از فاصله با دست بوس می‌فرستد. دستِ مینو را می‌بیند که به طرفِ زنگ در، بالا می‌رود. در را باز می‌کند.

"سلام. تو که منو زَهره تَرَک کردی. چیزی شده؟"

"از من می‌پرسی؟"

فرصت نمی‌کنند دنباله‌ی حرف را بگیرند. مینو و شیرین پشتِ در ایستاده‌اند و ریز ریز می‌خندند ناگاه با صدای ترمز ماشینی به خود می‌آید:

"حتماً مارتینه میخواد مطمئن بشه، در رو باز کردی. "

"نه. پلیسه."

"پلیس؟"

"آره ، پلیس. حالا بپر برو تو توالت ببینم چه خاکی باید سرم کنم. مینو، تو امشب یه دردسرِ حسابی واسم دُرُست کردی."

"من؟"

"حالا برو تو توالت... در رو از تو قفل کن."

زنگِ در به صدا درمی‌آید. مینو می‌رود به توالتِ طبقه‌ی همکف و در را به روی خود قفل می‌کند. شیرین در را باز می‌کند. دو نفرند. یک زن و یک مرد، در لباسِ خدمت. چهره‌شان مهربان و آرام است. به محض این‌که چشمِ شیرین به پلیس‌ها می‌افتد، دست را روی قلب می‌گذارد و می گوید: "اتفّاقی افتاده؟"

"تو باید شِرن باشی، همونی‌که به ما زنگ زده؟"

"بله، شیرین منَم. اما من به کسی زنگ نزدم. چرا باید این وقتِ شب باید کسی زنگ بزنم؟"

دو پلیس به هم نیم‌نگاهی می‌اندازند و پلیسِ زن به آهستگی می‌پرسد: "یعنی دوستِ تو... اسمِش چی بود؟"

"دوستم؟"

"بله. دوستِت.... (ماتس اسمش چی بود؟) آهان مِنو. آره منو."

"مِنو؟ من دوستی به اسمِ مِنو ندارم. حالا چی شده؟"

"نمی‌دونم. امّا ظاهراً باید یه سوءتفاهمی پیش آمده باشه، حتماً یه اشتباهی شده. خانم شما با کسی خصومتی، درگیری چیزی دارین؟"

"من وُ خصومت... من وُ درگیری؟ نه جناب... یعنی چرا جناب... با شوهرم، اختلاف دارم، ولی کدوم زن و شوهره که با هم اختلاف ندارن؟ جناب شما خودتون با زنتون هیچ وقت دعوا نمی‌کنین؟"

"الان شوهرت خونه‌ست؟"

"نه."

"کجاست؟"

"ایران."

"کی برمی‌گرده؟"

"آقا باید جواب بدم؟"

پلیسِ مرد سر تکان می‌دهد. شیرین شانه بالا می‌اندازد.

"ما چند تا سؤال دیگه هم داریم."

"بفرمایین... از پاسخ دریغ ندارم. البته اگه سؤال‌ها سخت نباشه. در خدمت حاضرم (شیرین سلام نظامی می‌دهد.)

"شما تنهاین؟"

"خُب... بله... جناب... یعنی... با گربه‌های همسایه‌ام، میشه گفت نه... چندان هم تنها نیستم."

"داری با ما شوخی می‌کنی؟"

"شوخی چرا جناب... شوخی با پلیس؟ نه آق... من از پلیسا می‌ترسم."

"میشه شماره‌ی تلفنِ شوهرت رو به ما بدی؟"

"آقا ما شوهر نداریم. یعنی از هم جدا شدیم."

"که این‌طور."

"یعنی نه این‌که ما جدا شدیم... من جدا شدم. اون نمیخواد."

"کی برمیگرده؟"

"برمیگرده؟ اون دیگه برنمیگرده. یعنی شایدم برگرده... نمیدونم، جناب."

"خب، هروقت برگشت به ما خبر بدین. شاید لازم باشه اَزِش چند تا سؤال بپرسیم..."

"کارِ اون نیست جناب."

"اگه کارِ اون پس کارِ کی میتونه باشه؟"

پلیسِ مرد به پلیسِ زن نگاه می‌کند و می‌گوید: "مثلِ این‌که پای یه شوخی درمیونه. بریم." پلیسِ زن به شیرین نگاه می‌کند و می‌گوید: "شوخی با یه زن تنها... مگه نه... ماتس؟ چشم‌های شیشه‌ایش لحظه‌ای در چشم‌های ماتس خیره می‌ماند در انتظارِ تأیید؛ "مگه نه ماتس؟" ماتس چشم‌های آبیِ آسمانی را از روی شیرین سیصد درجه به طرفِ پلیسِ زن می‌چرخاند. "آره. ولی شایدم کسی خواسته با ما شوخی کنه. این روزا آدرس پیدا کردن کاری نداره که. میشه رفت سراغِ گوگل. حالا قرعه به اسمِ شِرِن افتاده... ببخشید که مزاحمِ خوابِتون شدیم. شب به خیر شِرن. مواظبِ خودت باش."

"خواهش می‌کنم، جناب. شما وظیفه‌تون رو انجام دادین. منم یه کمی از تنهایی دراومدم. شب شما هم به خیر."

مینو از توالت می‌آید بیرون و می‌رود طرفِ شیرین. شیرین ایستاده پشت درِ خانه توی هال. "جریان چیه شیرین؟" دو زن زُل می‌زنند به هم. بعد از چند لحظه سکوت. و بعد خنده‌های ریزِ نخودی.

صدای ماشینِ پلیس دور می‌شود. شیرین لامپِ هال را روشن می‌کند. و صدای خنده‌ی دو زن می‌پیچد در سکوتِ خانه. ناگهان

انگار شیرین به خودش آمده‌باشد، چهره‌اش رنگِ قهر و خشم می‌گیرد و با اعتراض می‌گوید: "دختر این بازیا چی بود درآوُردی؟"

" کدوم بازیا؟ از چی حرف میزنی؟"

"از خون."

"کدوم خون؟ باز دوباره خواب دیدی؟"

"نمیدونم. انگاری. ولی این پلیسا؟ تو...؟ بگو ببینم مارتین رفته مهمونی؟"

"نه. چطور مگه؟ مارتین شبکاره. منو رسوند این‌جا رفت سرِکار."

"پس خونه بود؟"

"خُب آره... خونه بود. چطور مگه؟"

"پس مست..."

"نه. بابا. گفتم که شبکاره. واسه همین اومدم این‌جا. گفت تنها خونه نمونم بیام پیشِ تو. راستی! مارتین دیگه نمیگه شِرن. حالا یاد گرفته بگه شیرِن. اگه من و تو تا یکی دو ماه دیگه این‌طوری شبا رو صبح کنیم و هر شب ازِش بخوام منو بیاره این‌جا و از این‌جا ببره وُ هی بِهِش بگم: مارتین عزیزم میتونی منو تا خونه‌ی شی ... ری... ن برسونی، قول میدم که این یاءِ دوّم رو هم یاد بگیره وُ اون‌وقت میتونه درست و حسابی بگه شیرین."

"راستِش رو بگو مینو، شما دوتا امشب باهم دعوا نکردین؟ این‌طوری نبود که مارتین مست و کله پا از راه رسید. خواست.."

"نه شیرین. از حرفات سردر نمیارم. تازه مارتین وقتی مست میکنه از همیشه مهربون‌تر میشه. یه شب در میون کشیک داره، منم

حوصله‌م از تنهایی سر میره، همین. حالا بگو ببینم این پلیسا چی می‌خواستن؟ فرهاد کاری کرده؟"

"نه. بابا. فرهاد اهلِ دردِ سر درست کردن نیست. انگاری خودم دسته گل به آب دادم. میدونی حسابی گیجم. نمیدونم چه اتفّاقی افتاده. هر چی به مغزم فشار میارم چیزی یادم نمیاد، مگه یه پرده‌ی تأتر. دائم جلو چِشامه. داشتم به شجریان گوش می‌دادم. فرهاد زنگ زد گفت: *خونه بی خونه*. گفتم: چرا؟ گفت: برو از بانک بپرس. به من چه مربوط. وگوشی رو گذاشت. خواهرم زنگ زد، گفت: فرهاد پولای شوهرم رو بالا کشیده. گفتم: به من چه مربوط. اون تو و اونَم فرهاد. گوشی رو گذاشتم. ابراهیم پسرِ خاله‌م از انگلیس زنگ زد. گفت؛ نازنین خیلی تُو خودشه. مثلِ این‌که تلفنی با پدرش حرفِش شده. گوشی رو گذاشتم. دیگه نفهمیدم چی شد. تا انگاری تو زنگ زدی و گفتی: هم جنگ بود. هم نبود... سرش رُو زانوام بود... انگاری ترکیه بود یا نمیدونم کجا. گفتی کارِ قاچاقچیه بوده... پدرشو... یا شایدم برادرشو اعدام کردن و باباش سرطانِ گرفت و عمرشو به تو داد. سرطانِ چی؟ نمیدونم. گفتی طولی نکشید. یادم نیست گفتی چقدر طول کشید... انگاری گفتی یه ثانیه. آره چند بار پشتِ سرِ هم گفتی فقط یه ثانیه جلو رفت... امّا نفهمیدم چی بود که جلو رفت. فقط فهمیدم دو روز بعد مادرش هم دق کرد و مُرد. بعد مرتضی ولش کرده، چون سر و کله‌ی یه مردِ سوئدی پیدا شده‌بود... اسمِش یادمه. اریک. نه، نمیدونم شایدم مارتین... اصلاً اسمش یادم نیست... فقط میدونم حالا دیگه دست از سرش برنمی‌داشت. گفتی مرتضی دست از سرش برنمی‌داشت. نمیدونم شایدم گفتی زنای سفیدپوش دست از سرش... گفتی یه عالمه بودن. انگاری پرستار بودن... گفتی اینگر میره. لیندا میاد. گفتی از روی پلاکِ سینه‌اش فهمیدی لینداس، صورتِش رو ندیده‌بودی. بالای سرت ایستاده‌بود. تو سرت رو بلند

کردی پلاکش رو دیدی. بهِت گفت: ساعت سه وُ دوسه دقیقه‌است، نمیخوای بری خونه‌ت، داره صبح میشه... تو گفتی: امکان نداره. پرستاره گفت: چرا امکان داره. واسه‌ت تاکسی میگیریم. دوباره بهِش گفتی: امکان نداره. ساعت سه داشتی با فاطی حرف می‌زدی و یه پرستاری اومد و مزاحمتون شد. نذاشت حموم کنی. دوش گرفتی. با خون. شده بودی عینِ گلِ سرخ. یه گلِ محمّدی. خون مثلِ شبنم رُو سر و صورتت نشسته بود. شبنما بوی گلاب می‌دادن. بهِت گفتم: مهتاب گوشی رو بذار. باید به پلیس زنگ بزنم. تو خودکشی کردی..."

"خُب... خب تا همین‌جا بسه. بسه دیگه. تا آخرش رو خوندم. تو حالت خوب نیست. خوب شد که اومدم این‌جا. اما خودمونیم شری خانوم، عجب شَری داشتی به پا می‌کردی، با این پلیس خبرکردنت! و عجب بلدی با این حالِ نزارت ببُری وُ بدورزی وُ سرهم کنی... خوب بلدی آتشپاره، از خودت قصّه بسازی..."

"قصّه؟ قصّه چیه؟ راست میگم مینو."

"منظورم حرفاییه که واسه پلیسا سرهم کردی... نمی‌دونستم تو هم خُب... دیگه... بله. شری خانوم، خانمِ خانما؛ خانمی."

"تو رو به‌خدا اینقده بهِم نگو خانمی، منو یادِ فرهاد میندازی با اون خانمی گفتنِت."

"معذرت میخوام... منظوری نداشتم... ولی خُب شُکر، که همه چی به خیر و خوشی گذشت و همه‌ش خواب بود. فکرشو بکن اگه اینا توی بیداری اتفّاق افتاده‌بود وُ پلیسام نیومده بودن..."

بر روی پارکتِ چوبی می‌نشینند. مینو می‌گوید: "اون قدیما بهتر بود، هالِ همه‌ی خونه‌ها موکت داشت." شیرین مدّتی خیره نگاهش

می‌کند. در سکوتِ نرم شیرین حرفی هست که سر تا پای مینو را در موجی آرام می‌پیچد. و بعد می‌لرزاند. شانه‌هایش را مالش می‌دهد. شیرین چشم‌ها را می‌بندد و خود را به دستِ حرکتِ نرم و آهسته‌ی دستان مینو می‌سپارد. حس می‌کند خون زیرِ پوستش به جریان می‌افتد. می‌خواهد حرفی بزند. مینو دست می‌گذارد بر روی لب‌های شیرین. "هیس... حرف بی‌حرف. دراز شو. یه کمی ماساژت بدم." مینو شروع می‌کند به ماساژ دادنِ شیرین. دست‌هایش حاضرند. نرم و چابک. امّا خودش نیست. غایب است. همین‌طورکه شیرین را ماساژ می‌دهد از خانه دور می‌شود. به مهربانی‌های مارتین و بوسه‌هایش فکر می‌کند. پس منشأ این پوچی کجاست؟

"خدایا، چرا اینقده احساسِ خلاء می‌کنم؟"

و این تن؟ این زندان؟ زندانی برای درد و غمِ دیگران؟ زندانِ پوچی‌ها. و این تنهایی؟ با گذشتِ لحظه‌ها دامنه‌ی تنهاییِ مینو گسترده و گسترده‌تر می‌شود و دستان چابک‌تر و فرزتر. صدای خرناسِ شیرین را می‌شنود. "وقتی آدم حرفی واسه گفتن نداره، خواب می‌بینه داره حرف میزنه." مینو از خوابِ شیرین ترسیده‌است. "من‌که هیچ‌وقت از فاطی واسه‌ش نگفته بودم. چطور همه چیز رو این‌جوری ریز به ریزخواب دیده؟" چشم‌ها را می‌بندد، درحالی‌که دستان به حرکتِ نرم و ریزِ خود بر شانه‌های شیرینِ درخواب ادامه می‌دهند.

تن؟ تن، این تابوت. تن، این تابوتِ رازها. کاش زبان نداشت این تن. کاش سرِ فاطی روی زانوانم نبود وقتی خون از دهانش فواره می‌زد. کاش سعید به فاطی نگفته‌بود: یه عمر زنش دستاش بوده. این حرفا که گفتن نداره. کاش راستش را گفته‌بود. نه، نگفت... سعید هیچ‌وقت از خودش چیزی نگفت. هی رفت به دیدار فاطی و از

بدی‌های سودابه گفت. گفت: سودابه بهِش راه نمیده و واسه همین دستاش شده زنش... چه سال‌های سختی بودن اون سال‌ها... فاطی چرا سنگِ صبور همه بودی؟

چه شهرِ غریبی شده‌بود کاشان! در آن سال‌های آخر. طاقتِ سودابه طاق شده‌بود. روزشماری می‌کرد، هر روز به سعید تلفن می‌زد تا پدر صدای عقوبقوی دختر کوچکش را بشنود و بگوید روزِ دیدار نزدیک است. اما هرگز صدایی از آن‌سوی تلفن نیامد مگر همان جمله‌ی قدیمی: "هنوز بهِم اقامت ندادن." می‌گفتند با مریم دوستِ دورانِ دبستانیِ سودابه روی هم ریخته. در کمپِ پناهندگان. امّا سودابه حالا آن‌جاست. بعد از یک عمر ذلّت. در کنارِ سعید. و سعید همون سعیده که بود. هرجا سودابه را می‌بیند راهش را کج می‌کند. مثلاً همین دیروز وقتی می‌خواست با مترو برود به مرکزِ شهر. من و سودابه در میدانِ *سرگِل*♣ با زهرا قرارِ ملاقات داشتیم. می‌خواستیم سه تایی، از اون‌جا بریم *آ بِ اف*♦ به سخنرانی دکتر حمیم. مثلِ همه‌ی روزهای یک‌شنبه. دکتر حمیم می‌خواست از حافظ بگوید. سودابه این روزها شدیداً به حافظ دل بسته‌بود. می‌گفت حافظ را درسوئد کشف کرده.

سعید تهِ قطار نشسته‌بود. سوار شدیم. تا چشمِ سعید به سودابه افتاد از قطار پیاده شد. سودابه گفت: "نیگاش کن، تا چشمِش بهِم افتاد سرش رو انداخت پایین از قطار پیاده شد. مثلِ یه موشِ در رفت. بارِ اوّلش نیست. از خودش خجالت می‌کشه... از حرفایی‌که رفته پشت سرم زده."

♣Sergel

♦ABF

مینو چشم باز می‌کند. شیرین می‌نشیند. نیم نگاهی می‌اندازد به مینو و می‌گوید: "اما راستی، جریانِ خرسک چی بود دیگه؟"

"کدوم خرسک؟ باز خواب دیدی؟"

"خرسکِ مارتین؟ غیبش زد. لای رونات."

"شیرین... به نظرم تو باید به یه روانشناس مراجعه کنی. کدوم خرس... ک؟"

"خرسکِ مارتین، دیگه. گفتم که. باور نمی‌کنی نکن. خودت بودی گفتی: این روزا یه شب درمیون مارتین غیبش میزنه، یه شب درمیونم یه چیزی از چیزاش سر به نیست میشه. چه جوری. اینو دیگه نگفتی."

"قاطی کردی دختر؟ بذار بهِت بگم اگه این جوری پیش بری کارِ هردو تامون زاره. باورکن منم دارم قاطی می‌کنم."

"ببینم تو نبودی‌که گفتی، مارتین خونه که نباشه، وسایلش یکی یکی پا درمیارن، میان توی بغلِت وُ جون میگیرَن، دُرُست عینهو بچّه‌ی آدم. بعد که جون میگیرن یِهویی غیبشون میزنه؟ بعد مارتین میاد و هی میگرده و هی سرت داد میزنه: این کارِ توست، آدمِ بی‌نظمی هستی، مینو؟"

"می‌دونی شیرین، اومدیم سوئد، اما فرقی نمی‌کنه کی اومدیم وُ واسه چی اومدیم، حقیقتِ قضیه اینه که ما جسمِمون این‌جاست... روح و فکر و ذکرمون اون‌جا... ما داریم با خاطراتِمون زندگی می‌کنیم.... با خوابمون... با خیالاتمون. گمون نکنم هیچ‌یک از ما ایران رو ترک کرده‌باشد... حداقل به لحاظِ روحی – روانی. نیگا کن... ببین همه‌مون داریم با خوابمون زندگی می‌کنیم. میدونی باید از نزدیک با مارتین آشنا بشی، تا ببینی این آقای سوئدی اصلاً میدونه

فکر و خیال چیه، غم کدومه... سوئدی غم نداره. ماییم که ملّتِ غم وُ ماتیم. ما یه نسلِ سوخته‌ایم. زنِ یه مردِ سوئدی باشیم یا نباشیم فرقی نمی‌کنه. ولی شیرین تو رو بِخدا بیا دست از این حرفا برداریم. تا دیر نشده یه کاری بکنیم. تا حسابی خُل و چِل نشدیم."

"مثلاً چه کاری؟"

"نمیدونم... مثلاً بریم کلاسِ رقص. هوم... یا بریم *فریس‌کیس وُ اِسوتیس*♣.چی میدونم یه کاری بکنیم، حالا هرکاری شد. مثلاً شنا... این وضع باید تموم بشه. یعنی باید تمومِش کنیم... این شب‌زنده‌داریا. این تخمه شکستنا. خوره‌ی خاطرات شدن... حالا رو شکم دراز بکش تا کمرت رو کمی ماساژ بدم؟"

"میخوای تا صبح بمونیم این‌جا توی هال؟"

به اتاقِ پذیرایی می‌روند. بوی چرمِ مبل‌های جگری رنگِ شیرین حالش را دگرگون می‌کند. سردند. خواننده هنوز می‌خواند. با همان ناله. همان سوز. سرد است.

"چون صید به دامِ تو هر لحظه شکارم... از دوری صیاد دگر تاب ندارم...

اقلاً یه نوار شاد بذار حالمون جاش بیاد، بعد از این‌همه مکافات." برای لحظه‌ای سکوت همه جا را فرامی‌گیرد. انگار سکوت ادامه‌ی سکوت می‌شود؛ مینو خیره‌است به پرده‌های جگری رنگِ پرچین و شکن، به قالی‌های دستبافتِ کرمان؛ سرخ، سبز، زرد. رنگ. باز هم رنگ؛ انگار رنگِ همه‌ی فصل‌های خدا و عالَم را روی این فرش‌ها ریخته‌اند، به آباژورهای گلدار؛ به پایه‌های طلایی؛ سمتِ چپِ هر یک

♣Friskis & Svettis

شاخِ یک شیر. زیر لب می‌گوید: "شیر که شاخ نداره، این عتیقه رو دیگه از کجا گیر اُورده؟" خیره در طلا در گُه گم می‌شود. شمعدان‌های طلایی، چلچراغ‌های طلایی و قاب‌های طلایی. *طلا گُهِ سگه.* این جمله را روزی جایی خوانده‌است. امّا کجا؟ نمی‌داند. فرقی هم نمی‌کند بداند کجا. کتاب‌ها خوانده می‌شوند؛ شاید تنها به خاطرِ یک جمله. متن‌ها نوشته می‌شوند، هریک برای فراموشی. "خوشا به حالِ شیرین که اهل کتاب نیست و دلش خوشه به تجمّلاتِ رنگ وارنگ..." امّا حال این صدا؟ این صدای دلخراش که می‌نالد:

"چون صید به دامِ تو هر لحظه شکارم... از دوری صیاد دگر تاب ندارم... از دیده ره کوی تو با اشک بشویم... با حالِ نزارم. با حال نزارم."

سکوت می‌شکند. صدای محزون خواننده با صدای آهسته‌ی مینو درهم می‌آمیزد. "یه دریا ماتم و عزاست این صدا."

شیرین به خود می آید.

"محشره! "

"امّا خُب، خدا رو شکر که خطر مَطری در کار نبود. داشتم نگرانِ می‌شدم، دختر، با این خُل‌بازیات. حالا خوبه پلیسا باورت کردن. پاشو تو رو بِخدا این نوار رو عوض. تو مگه به جز شجریان به کسی دیگه گوش نمیدی؟"

"این که شجریان نیست."

"پس کیه؟"

"افتخاریه نه شحریان. صبر کن واسه‌ت یه شجریان بذارم تا فرقشون رو بفهمی."

"مگه فرقی هم دارن؟"

"خب معلومه که دارن. گوش کن:

خانه‌ام آتش گرفته است، آتشی جان‌سوز، خانه‌ام آتش گرفته‌است، آتشی جان‌سوز... هر طرف می‌سوزد این آتش پرده‌ها و فرش‌ها را... تارشان با پود... من به هر سو می‌دوم گریان، در لهیبِ آتش..."

"نمی‌دونستم صدات خوبه. اما همون اوّلی بهتر نبود؟ اقلاً یه تنبک باهاش بود... این یکی راستی راستی به قولِ مارتین گربه‌ی زخمیه."

"به صداش گوش کن چه قدرتی! ولی خودمونیم این پلیسا عجب خری بودن، ها! پلیسای سوئدی ساده و خر وُ خوش‌باور... اونا برن گنجشکا و سگ و گربه‌هاشونو نجات بِدَن از روی شیروانیا. این همسایه‌ی بغل‌دستی ده تا گربه داره، هر روز یا مأمورای آتیش‌نشانی میان این‌جا تا یکی از گربه‌ها رو از سقف بیارن پایین یا پلیسا... همسایه‌ها ازش شکایت کردن و بهِش اتهامِ گربه‌آزاری بستن... حالا بهِش دستور دادن تا تکلیفِ خودش رو روشن کنه، یا توی حیاطِ، یه خونه واسه‌ی گربه‌هاش بسازه، یا گربه‌هاشو ازش میگیرن. بهِش مهلت دادن، اگه تا ده روزِ دیگه خونه‌ی گربه‌هاش آماده نشه، گربه بی گربه."

"آره. عجب مملکتیه. مارتین میگه تُو روزنامه خونده روزِ یک‌شنبه‌ی گذشته زنگِ خطر به صدا دراومده، پلیسا و مأمورای آتیش‌نشانی رفتن و دیدن یه گنجشکِ زردِ طلایی توی سِبی‌حُن♣،

♣Säbysjön

تُو یَرفِلا◆ گیر افتاده. مارتین هم دلش می‌خواست بره طفلکی رو ببینه. مارتین میگه حداقل تا حالا هزار و پانصد تماشاچیِ رفتن گنجشکک اشی مشی رو ببینن. (راستی فرهاد نداری بذاری؟) فکرشو بکن هزار و پانصد آدم رفتن پشتِ اینتِراسپورت وُ دوکا وُ اون اوف♣ و بقیه‌ی مغازه‌های *بارکاربی*◆ واسه‌ی دیدنِ یه دونه گنجشکک زِپرتی اشی مشی... عجب دنیاییه، نه؟ مارتین میگه این اوّلین دفعه‌ایه که این گنجشککه توی سوئد دیده شده. میگن تا حالا حتی توی اروپا هم دیده نشده. میگن توی این سال‌ها حتی توی سیبری هم دیده نشده، که جای تخم‌گذاریشه. توی جنوبِ شرقی چین هم دیده نشده، که خونه‌ی زمستونیشه..."

"عجب اطلاعاتی توی مغزت جمع کردی، مینو!"

"پس چی خیال کردی؟ خاصیتِ شوهرِ سوئدی همینه دیگه."

"امّا خُب جالبه. کاشکی ماهم مثلِ اینا بودیم و دلمون واسه‌ی سگ و شغالامون می‌سوخت."

"آره. سگ و شغالا توی این مملکت اعتباری دارن، که آدما ندارن. وقتی سودابه می‌خواست از سعید جدا بشه، سعید می‌رفت و می‌اومد می‌گفت: توی این مملکت اول سگ‌ها و گربه‌ها، بعد بچّه‌ها و پیرمردا و پیرزنا و بعدش زنا. مردا دستِ آخرن، اگه خارجی نباشن. میدونی بعدش چی می‌گفت؟"

"چی می‌گفت؟"

◆Järfälla

♣Onoff& Duka &Intersport

◆Barkarby

"می‌گفت: واسه همینه که همه‌ی زنای ایرونی از جمله عیالِ بنده، دُم دراُوردن. قانون باهاشونه. کافیه بگی زن ایرانی، زن بنگلادشی، زن افغانستانی. مردا میشن جانیِ متجاوزِ بالفطره. سودابه دلش خون بود از دستِ این حرفای سعید. یکی‌دو بار بهِش گفت؛ به جای موس‌موس کردن درِکون علاّفای این کانونِ و اون کانون، برو زبون یاد بگیر. این که نشد زندگی. جواب داد: ببینم حالا تو چه غلطی کردی با اون زبونِ الکنِ سوئدی‌ت، که من نکردم؟ رفتی شدی نظافتچی. اونَم کجا تُو خونه‌ی سالمندان."

"سودابه نظافت‌چیه؟"

"خوب آره. مگه چه عیبی داره؟"

"بهِش نمیاد. مثلِ یه دسته‌ی گله این زن."

"و دانشجوی رشته‌ی دندون پزشکیه این زن. این‌طوری نیگاش نکن. فلفل نبین چه ریزه."

"که این‌طور... نمی‌دونستم. سودابه هیچ وقت از خودش حرف نمیزنه."

"نه طفلی. واسه همینه دیگه سعید این‌طوری دُم درآورده."

"امّا سعید خیلی از زنش تعریف میکنه، پیش فامیلای فرهاد. با اونا، یعنی با خواهر فرهاد رفت وُ آمد داره. بهِت گفته بودم که من چند بار اون‌جا دیدمش وُ هیچ‌وقت ندیدم از سودابه بد بگه. اما عجیب که هیچ‌وقت نگفته سودابه دانشجوه."

"بگه که چی؟ این موش مرده. هر چی به نفعِشه میگه. اما طفلی سودابه دلش خون بود وُ دم نمیزد، ولی خُب حالا که دیگه جدا شدن. طفلک راحت شد. امّا این آقا به آخرِ خطّ رسیده."

"چطور مگه؟"

"پیش خودمون بمونه، انگاری بنگی شده. فاطی میگه حسابی با مرتضی اياغ شده."

"عجب! سودابه چی میگه؟"

"سودابه؟ دندون روی جیگر میذاره. واسه سعید پیغوم فرستاده، التماس کرده اگه اعتیاد رو ترک کنه، اونم برمیگرده سرِ خونه زندگیش. طفلک خیال میکنه تقصیرِ اونه که این آقا رفته معتاد شده."

"واقعاً میخواد برگرده؟"

"نه بابا، مگه دیوونه شده. این‌طوری میگه، چون خیال میکنه میتونه این مردو از منجلاب نجات بده. حالا بابا ولش کن. یه نوار دیگه بذار تو رو به خدا. سرم داره باد میکنه."

"خاموشِش کنم؟"

"آره والا. ما خودمون صدتا ارکستریم. اوفیش... سرم یه کمی سبک شد. دستِت درد نکنه شیرین. یه چایی دم می‌کنی؟"

"میدونی مینو، بعضی وقتا وقتی از سعید حرف میزنی، انگاری داری حرفای فرهاد رو از دهنِ سعید تعریف می‌کنی."

"خُب پس می‌خواستی فرهاد مثلِ کی حرف بزنه؟ مثلِ من، که میگه فمینیستم؟ مثلِ تو که میخوای ازش جدا بشی؟ هرچی باشه مَرده؛ مَردا هم همه از یه قماشَن. بِخصوص اگه مثلِ گرگِ زخمی زخم هم خورده باشن. راستی داشت یادم می‌رفت؛ حالا جریانِ این گِروگذاشتنِ خونه چی بود؟"

"هیچی وِلش کن. تازه داشت یادم می‌رفت. داشت حالم یه کمی جا می‌اُومد."

"معذرت میخوام.. منظوری نداشتم. حق با توه. باز رفتی سراغ ضبط؟ اقلاً یه فرهاد مرهادی بذار، این چس‌ناله‌های ایرونی دلِ آدم رو بیشتر داغ میکنه."

"گفتم که ندارم. موسیقی ایرانی دوست نداری؟"

"نه. شاملوی خدا بیامرز راست می‌گفت موسیقی ایرانی، موسیقی نیست؛ نوحه‌خونیه. هی میگی بی‌خواب شدی... خب به همین آه و ناله‌ها گوش میدی که بی‌خواب میشی. تو باید به یه چیزی گوش بدی که یه کمی بهت تحرّک بده."

"مثلاً چی؟"

"چی؟ نمیدونم چی. فقط میدونم ما ملّتِ غم وغصه‌ایم. مثلاً به این آمریکا لاتینی‌ها نیگا کن، از سیاست و مشت و لگد هم آواز می‌سازن، شادی می‌سازن، ریتم می‌سازن؛ میزنن وُ میرقصن وُ میخونن *مرگ بر امپریالیسم. مرگ بر دیکتاتور.* یادش بخیر ویکتورخارا. بهِش گوش دادی که. یادته؟ نه تو یادت نیست. تو اون‌وقت سوئد بودی. سازمان فداییا، موقعی‌که هنوز اقلیتی — اکثریتی نشده بود، یه جشنی راه انداخت که نگو وُ نپرس. یه گروه نوازنده، به گمونم چریکِ فلسطینی بودن، شالای عربیشون هنوز یادمه. سازمان این گروه رو دعوت کرده بود. عجب شبی بود. جات خالی ببینی. یه زنِ بلوند با چهار پنج تا مردِ عرب، اما اون وقتا نمی‌گفتیم عرب، می‌گفتیم فلطستینیا؛ طوری می‌گفتیم فلسطینیا، که انگاری اونا عرب نبودن... بگذریم... داشتم می‌گفتم؛ این گروه یه ساز و آوازی به راه انداختن که بیا و ببین. جمعیت یکی یکی بلند

شدن به رقصیدن. آدما یادشون رفت تا یه ساعت پیش به این نوع حرکات که اسمش رقصه، می‌گفتن؛ قرتی‌بازی. و اون زنه، یه غوغایی کرد که نگو. کاشکی بودی ببینی چطوری آب از لب و لوچه‌ی مردا راه افتاد..."

"ببینیم از اون زنه، منظورت کیه؟ کدوم زن؟"

"بلونده رو میگم، دیگه. میدونی، من تنها زنی بودم که بلند شدم برقصم. دور و برم رو نیگا کردم دیدم گُله به گُله مردا بلند شدن دارن قر میدن، منم بلند شدم که مسعود طوری به پشتِ پام کوبید که نزدیک بود کلّه معلّق بشم: *دیدی زنی بلند شه برقصه*؟ بهِش گفتم: مگه فرقِ من با مردا چیه؟ لبه‌ی بلوزم رو گرفت و کشید و نشوندم سرجام و درِ گوشم گفت: خیلی فرق داره. حالا اگه زنِ نماینده‌ی سازمان نبودی یه حرفی."

"مسعود نماینده‌ی سازمان بود؟"

"نماینده...؟ نه بابا مسعود کاره‌ای نبود، یعنی خیال می‌کردم چون از آمریکا ینگه‌ی دنیا اومده بود، باید نماینده‌ی سازمان باشه و... واسه همین هی صداش زدم *نماینده‌ی سازمان* تا امر به خودش هم مشتبه شد. وگرنه هیچ پُخی نبود. "

"خب بعدش چی شد؟"

"بعدش؟ اوّلش خیال کردم داره شوخی میکنه. بعد که فهمیدم خیلی هم جدی میگه، یه کمی جا خوردم. طوری‌که هنوز تا هنوز این حرفش دلمو جیز میده. نما... ینده...ه... بچّه جِغله اون کجا فداییا کجا؟ رفته بود خودش رو تو یه گروهِ مطالعاتی جا داده بود وُ این‌ور و اونو دو تا اعلامیه پخش کرده‌بود، اون‌وقت می‌گفت شده رهبرِ گروه."

"واقعاً؟"

"پس خیال کردی چی؟ خیال کردی از شکمِ مادرش کمونیست بود یا اصلاً از کمونیسم چیزی می‌دونست؟ اون‌که تا روزِ قبلِ اومدنِ خمینی داشت دنبالِ پول دراُوردن سرِ خواهربرداراش هم کلاه میذاشت."

"کی؟ مسعود؟ نه بابا. معلومه که دلت ازش پُره."

"پُره؟ دلم؟ از اون؟ اگه یه کمی عقل داشتم همون شب عروسی ازش جدا می‌شدم."

"چطوری باهم آشنا شدین؟"

"گفته بودم، که. توی یه جشن. عروسی یه فدایی بود. منم دعوت شده بودم. از برکتِ داداشم مهدی. وگرنه من کجا و فدایی شدن کجا. سرم به لاکِ خودم بود و لاکِ ناخنام رو نو و تازه می‌کردم. داداشم مهدی بِهم معرفیش کرد؛ *رفیق مسعود نماینده‌ی سازمان*... مهدی یه‌جوری می‌گفت رفیق مسعود؛ نماینده‌ی سازمان که خیال کردم همین فرداست که آقا مسعود، خودش به تنهایی، رهبر رو از منبرش پایین بکشه و بشه رئیس دولت و با چند تا از این رفیق مسعودای دیگه اداره‌ی مملکت رو به‌دست بگیرن... منِ خرو بگو، باور کردم. میدونی، از تو چه پنهون تازه وقتی بعدها مسعود به زندون افتاد و از زندون اومد بیرون شنیدم فدایی نبوده، جاسوس بوده. ولی چطور می‌شد باور کرد؟ قیافه‌ش خیلی کمونیستی بود، سبیلای کَت و کلفت، نگاهِ تیز و زیرکانه؛ انگاری آب بود و رفت توی خاکِ تنم."

"اوی چه شاعرانه."

"آره خُب یه روزی یه کمی طبعِ شعر داشتم... حالا دیگه ته کشیده... طبع مَبعی نمونده... می‌گفتم، مخصوصاً فرادی اون روزی‌که با چند کتابِ جلد سفید اومد سراغم. خلاصه نمیدونم کارِ سبیلای

کَت و کلفت بود یا کارِ کتابای جلد سفید؛ اسیرش شدم تا افتاد زندون... حالا بگذریم که خودش یکی از اون کتابا رو نخونده بود... وقت نداشت بخونه. حرفِ خودش بود. خودش می‌گفت."

"توچی؟ رسیدی بخونیشون؟"

"راستش، نه. ولی یکیشون رو خوندمو هیچی نفهمیدم. انگاری به زبونِ فارسی نوشته نشده‌بود. ولی چند تا جمله که به نظرم پر طمطراق میومد، حفظ کردم واسه روزِ مبادا. اما کو فرصتِ عرضِ اندام؟ یعنی وقتش نشد، وقت نشد عرضِ اندام کنیم وُ جمله‌های حفظ شده از یادمون رفت، که رفت... ولی این جلد سفیدا... یه کِششی داشتن که نگو... هنوز که هنوزه ردیف ردیف کتاب جلد سفید روی قفسه‌ی کتابا جلوی چشامه و روزی‌که مجبور شدیم پاره پاره شون کنیم دور بریزیم... اگه بدونی چه روزگاری شد... پاسدارا شب و نصفِ شب ریختن تو خونه‌ها و هی گشتن دنبالِ کتابای جلد سفید. خلاصه سرت رو درد نیارم، این جلد سفیدا شدن بلای جونِ ما. ما هم از ترسِ جونمون کارتون کارتون شبونه بردیم انداختیم تُو رودخونه. طفلی مامانم، چند شب تا صبح نشست پای طشتِ بزرگ آب و هی کتاب پاره کرد ریخت تو آب تا خمیر بشه و بریزه تو مستراح... هی کتاب پاره کرد و زیرِ لب گفت؛ دیدی، دیدی چه خاکی به سرمون شد؟ تو این مملکت کتاب داشتن یعنی جرم، یعنی فلاکت... هی گفتم مادر، مینو، اینقده نرو از این کتابا بخر، به حرفم گوش نکردی... چقده گفتم مهدی پسرم این ملاها مار تو آستین دارن، واسه قدرت از دین و ایمونشون هم میگذرن، از تو کمونیست نگذرن؟ خدایا دیدی به چه روزی افتادیم... خلاصه، سرِ تو درد نیارم، یه فاجعه‌ای به بار اومد که چشمت روزِ بد نبینه... که نگو وُ نپرس... فلاکتی که نه مسعود، نه بالاتر از مسعود تونست پیش‌بینی کُنه. این

شد که ما وقت نکردیم ببینیم چی به چیه وُ کی به کیه... همین‌طور که جهشِ ناگهانی انقلاب و تبِ کمونیسم توی تنمون ریشه دَوُند، زندگی زناشویی من و مسعود هم پا گرفت وُ مثلِ همون جهشِ و تب هم تموم شد. خلاصه... ما زن و شوهر شدیم، مثلِ خیلیای دیگه، بی‌جشن و بی‌ساز وُ دهل. مامانم هی زد تُو سرش، گفت: دختر، در و همسایه پشتِ سرِما چی میگن؟ اقلاً یه لباسِ سفید بپوش، دوتا همسایه رو خبر کن، یه دار و دُهلی، یه چیزی... واسه چی مثلِ زنای بیوه. مثل زنای شوهرمرده بری خونه‌ی بخت؟ آخه دختر مگه تو چی کم داری؟ سواد نداری؟ که داری. خونه نداری که داری. آخه این مسعود چی داره، که چشمت رو گرفته؟ همه‌ش زیرِ سرِ این مهدی ذلیل نشده‌است، خدا خیرت بده پسر، آخه اینم شد برادری؟ آخه اینم شد برادر که تو داری؟ گفتم: مامان مرغ یه پا داره. خدا یکی، شوهرم یکی؛ اونم مسعود. مامانم گفت: خُبه خُبه... از کی تا حالا به خدا عقیده داشتی من نمی‌دونستم؟ گفتم: از همین حالا! همینه که هس. این منم که میخوام عروسی کنم نه تو. عروسی هم بی عروسی. بعد دوتا شاهد بردیم محضر و عقد کردیم و من شدم زنِ مسعود. بعدشم اومدم خونه‌ی خودم تا مسعود بره تبریز و وسایلش رو بیاره؛ رفت و بعد از یه ماه با یه چمدون پیداش شد. مادر بیچاره‌ام هی جیز خورد و گفت: این بود شوهرکردنت؟ دختر بزرگ کردم بدم دستِ گرگ؟ گفتم: مامان اولاً مسعود گرگ نیست و کمونیسته. گفت؛ آب زیرکاهه. گفتم؛ دوماً، زندگی من به هیشکی ربط نداره. گفت: ببینم، کمونیستا گرگ نمیشن؟ یه نیگاهی به همسایه‌ی شمالی بنداز. همین مردیکه سیبیلو؛ اسمش چیه؟ استالین... با مردمش چیکارکرد؟ گرگی نکرد؟ خبُ حالا بگو ببینم به مادرت ربط نداره؟ گفتم: نه نداره. حتی به مادرم... و لطفاً دیگه به این اخبارای سمّیِ تلویزیون گوش نکن. مادرم دیگه حرفی نزد. به تلویزیون هم نیگا

نکرد. تا روزی‌که جدا شدم و خبرِ جدایی رو تو نامه واسه‌اش نوشتم. روم نمی‌شد زبونی بهِش بگم. به محضِ رسیدنِ نامه تلفن زد گفت: دخترم، اصلاً نارحت نشو. منم اگه عقلِ تو رو داشتم سی سال پیش از بابات جدا شده‌بودم. یه فرهاد مرهادی نداشتی، ها، شیرین! نیگا کن، هوا داره روشن میشه. انگاری صبح شده؟ساعت چنده؟"

"ساعت سه و دو سه دقیقه‌است."

"سه وُ دو سه دقیقه؟ سه وُ دو سه دقیقه. شیرین بذار راستِش رو بگم. خوابی که تعریف کردی راست بود."

"کدوم خواب؟"

"همین خوابِ فاطی دیگه. به این زودی یادت رفت. طفلکی فاطی. سرش روی زانوم بود. داشت خون بالا می‌اُورد. یه دستمال گرفتم جلوی دهنش، زنگِ خطرو فشار دادم و هی گفتم؛ فاطی قول می‌دم، بنویسم، فقط اگه تو قول بدی زنده بمونی وُ همه چیز رو واسَم تعریف کنی. به چشام خیره شد و بی‌صدا به گریه افتاد و از لای‌دهنی که حالا شده بود فواره وُ خون به سر وُ روم می‌پاشید گفت: مینو، هیچ‌وقت حالم اینقده خوب نبوده، که حالا. خُب معلومه که زنده می‌مونم. یادت نره که بادمجونِ بم آفت نداره. طفلی، تا لحظه‌ی مرگ هم از شوخی کردن دست نکشید. ساعتِ سه بود که... دیگه نمی‌دیدمش، صورتش توی سیل خون گم شده‌بود. منم داشتم حمامِ خون می‌گرفتم و نفسم بوی عطرِ محمّدی گرفته‌بود؛ از بوی خون... وقتی پرستار اومد یه دقیقه گذشته بود... گفت..."

"مینو، بلند شو خوابت برده. برو رُو تخت دراز بکش. این‌جا روباز نخواب سرما میخوری."

"خواب رفتم؟ تقصیرِ نوحه‌خوونیاته. دِلنگ دِلونگات آدمو خواب میکنه. ولی نه دیگه... تا یه ساعتِ دیگه سر و کله‌ی مارتین پیدا میشه. قراره از سرِکار بیاد منو ببره."

"داشتی بلند بلند حرف میزدی."

"چی می‌گفتم؟"

"خوابای منو تعریف می‌کردی."

"زندگی ماها شده مثلِ فیلمای تلویزیونی، رِپ ریس♣ پشتِ رِپ ریس. راستی رِپ‌ریس به فارسی چی میشه؟"

"فیلم یا برنامه‌ی تکراری، یا...؟"

"به درستی نه. رِپ‌ریس خیلی وسیع‌تره از تکراری. یعنی کاربردِ بیشتری داره... فقط به فیلم و برنامه‌ی‌های رادیویی و تلویزیونی خلاصه نمیشه، مثلاً اگه یه غذایی رو در دو سه وعده پشتِ سرِ هم بخوری بارِ دوّم یا سوّم میتونی بگی: رپ ریسه‌شه... اما وقتی میگی فیلم تکراری، یعنی فیلم تکراری و نه بیشتر. این زبونِ سوئدی خاصیتایی داره که فارسی نداره، مثلاً همین کلمه‌ی *لاگُم*♦. چی میشه به فارسی؟ کافی؟ بس؟ نه کم، نه زیاد؟ یا مثلاً این کلمه‌ی *کول*♥... یا مثلاً هِفتی♠..."

♣Repris

♦Lagom

♥cool

♠Häftigt

"بات موافق نیستم. عمرِ زبانِ فارسی به سه چهار هزار سال میرسه. سه چهارهزار سال یعنی تاریخ، یعنی فرهنگ، یعنی غنای فرهنگی..."

"کدوم فرهنگ؟ کدوم زبونِ فارسی؟ تازه زبون فارسی، مثلِ خودِ ایرونیا عرب‌زده شده، زبونِ آه و ناله و تظاهر و چس‌خوریه..."

"تو خیلی ضدِ ایرونی شدی؟"

"نه ضدِ ایرونی نشدم، خُب یه کمی دقّت کنی می‌بینی لاتین زبونِ علمه. ربون‌های لاتین ساختاری دارن که فارسی نداره. امکانِ لغت سازی دارن. ما نداریم. ما دستمون بسته‌ست. واسه همینه که ما مجبوریم لغتای علمی رو قرض بگیریم، حالا هی بیایم و لغت بسازیم: رایانه کی میگه رایانه؟ همه میگن کامپیوتر. موبایل؛ تلفنِ همراه، تلفنِ دستی... دَم‌دستی... چی میدونم دیگه چی. نه شیرین، دُرُست نمیگم؟"

"نمیدونم. ولی *لاگُم* و *کول* و *هِفتی* که کلمه‌های علمی نیستن. یه عالم کلمه در فارسی هست که در سوئدی نیست. مثلاً تعارف. بگذریم، که سوادم به این چیزا قد نمیده. ولی میدونم که به جز زبونِ فارسی با هیچ زبونِ دیگه‌ای نمیشه حرفِ دل رو زد. مثلِ آبه. رَوُنه."

"آره... ولی اگه تخمِ ما روهم این‌جا می‌کاشتن، سوئدی واسمون می‌شد؛ آبِ رَوُن، که هیچ می‌شد... سیلِ رون... به این بچّه سوئدیا نیگا کن، هنوز پستونک توی دهنشونه مثلِ بلبل حرف میزنن: *این حقِّ منه. اون حقِّ منه. مامانِ بده. بابا خوبه. بابا بده. مامانِ خوبه.*"

"بی ادبن."

"فردّیت دارن. حقّ دارن بگن؛ این منم و اینم خواسته‌های منه. ما چی؟"

"ما؟ نمیدونم. پاشم برم یه چایی دَم کنم که صوابِش خیلی بیشتره از این حرفا."

"آره، والا باهات موافقم. به یه شرط!"

"چه شرطی؟"

"به شرطی که تا من خونه‌تم، یا صدای ضبط رو خفه کنی، یا یه نوار دُرست حسابی بذاری. و حالا که نوار دُرست حسابی نداری پس یه دونه از همون نوارای لوس‌آنجلسی بذار. هر چی باشه قرکمری بهتره از این نوحه‌خونی..."

شیرین به پارکِ جنگلیِ *استُلپاسکوگن*♣ نزدیک می‌شود. نمی‌داند چقدر راه رفته‌است. کلاغ‌ها روی شاخه‌های درختان نشسته‌اند و غارغار می‌کنند. باد می‌وزد. شیرین دست را می‌گذارد روی کلاهش تا باد آن را نبرد. سیاهِ پرکلاغی است. با یک گلِ رزِ سیاه. دوست دارد گلِ کلاه سمت چپِ سر قرار بگیرد. کلاه را فرهاد سال گذشته از آمریکا برایش آورده‌بود با این پالتوی پوست پلنگی. یقه‌ی پالتو را می‌کشد بالا زیرِ چانه: *باد، نفرین طبیعته. تُو این وقت روز.* شبِ گذشته نخوابیده‌بود و تا صبح نشسته‌بود وُ با مینو تخمه شکسته بود وُ از هر دری گفته‌بود مگر از گدایی در اداره‌ی بیمه و خانمِ شیشه و شگردهای تازه‌ی فرهاد. چه بگوید؟ بگوید رفته اداره‌ی بیمه گدایی برای شندرغاز؟ بگوید خانم شیشه او را تحقیر می‌کند. به او پوزخند می‌زند؟ بگوید، فرهاد سرش داد می‌کشد که خونه در گِروست. تو لیاقت نداشتی. برو، حالا برو پیشِ رفیقای جون جونی‌ت؛ مینو وُ سودابه. برو با اونا دمخور شو... شیرین با صدای بلند می‌گوید: "حقارت... حقارت. کی حقیر شده؟ من یا تو؟"

پا می‌رسد به جنگل، فکر به نقطه‌ی پایانی یک زندگیِ مشترک و آخرینِ شگردِ فرهاد: "زندگیِ لوکس لایقِ زنِ لوکسه، نه تو که به دردِ همون کانون مانونا و جوجه فمینیستا میخوری. لیاقتِ همینه که با آدمایی مثلِ مینو وُ سودابه دمخور بشی. میخوای بری برو، ولی اگه رفتی دیگه پشتِ سرتو نیگا نکن. میخوای بری برو. اگه عُرضه داری حالا برو خونه‌ی گرو گذاشته‌رو از گرو دربیار..." صدایش در

♣Stolpaskogen

سکوت جنگل می‌پیچد: میرم. از خیرِ تو و خونه می‌گذرم. می‌ایستد. پلک برهم می‌نهد. زیر لب می‌گوید: "این صدای نخراشیده صدای منه؟"

فکر، او را چند قدم به جلو می‌برد. دسته‌ی کُرِ کلاغ‌ها رشته‌ی خیال را پاره می‌کند. سر را رو به افرای کهنسال بالا می‌گیرد. آسمان سیاه می‌زند. یک‌دست سیاه. کلاغ‌ها اوج می‌گیرد. صدا محو و محوتر می‌شود. کلاغ‌ها آن‌سوی جنگل از دیدرس دور می‌شوند.

"بدون شما این پارک چیزی کم داره؛ کلاغای مزاحم؟"

صدایش در باد می‌پیچد. می‌ایستد و به اطراف نگاه می‌کند:

"ساعتِ مرگه، این ساعت. بدون کلاغ."

حالا پرنده پر نمی‌زند. ناگهان می‌ترسد. دلش شور می‌زند. دوباره می‌ایستد. به اطراف نگاه می‌کند. کسی آن‌جا نیست. باز به راه می‌افتد. با خودش می‌گوید: "چیه این‌طوری به زندگی چسبیدی؟ واسه‌ی خاطرِ نیاز و نازنین؟ اونا که دیگه بزرگ شدن و رفتن پیِ کارِ خودشون. راست میگه مینو؛ تو داری روی ابرا راه میری. چیه چسبیدی به هر چی لوکس و مارک و لباس و... تا کی باید صورتم رو با سیلی سرخ نگه دارم. هفته‌ی دیگه خبرِ مرگم دوباره باید برم اداره‌ی بیمه، که چی؟ واسه چی؟ واسه گداییِ پول. واسه شندرغاز؟ خرجِ لاکِ ناخنات؟ ببینم، حالا اگه لاک و عطر نزنی نمیشه؟ تا کی میخوای به خلقِ خدا بگی همون شیرینِ شش ماهِ پیشی؟ به مینو نیگا کن؛ چی کم داره؟ با دو دست لباس و یه نونِ بخور و نمیر دلش خوش نیست؛ که هست، کیفِ دنیارو نمی‌کنه؛ که میکنه. همدمی نداره، که داره. خُب بس کن. اگه حالا آینه داشتی خودت رو می‌دیدی، با اون کلاهِ مسخره‌ت که هی با دست نیگه میداری باد

نبره. هی می‌چرخونی گل بیاد سمتِ چپِ سر، نمی‌بینی این‌جا پرنده هم پر نمیزنه؟ کی میخواد به گلِ کلاهِ تو نیگا کنه؟ کلاغا؟ غارغار خبر دار، کلاه شیرن رو بردار..."

کلاه را از سر برمی‌دارد، تابی به دست می‌دهد و آن‌را پرتاب می‌کند به طرفِ شاخه‌ای. درخت، غوشه‌ی تنومندی‌ست با تک وُ توکی برگ‌های از پاییز مانده بر هر شاخه. درخت را مورد خطاب قرار می‌دهد:

"اون چند برگِ خشکیده رو واسه چی نیگه داشتی؟ واسه روزِ مبادا؟ راستی، جنگل و باد؟ شاید هنوز تا جنگل خیلی راه مونده؟"

کلاه در هوا به سمتِ زمین چرخ می‌خورد. شیرین طوری با سرعت می‌دود به طرفِ کلاه، که کلاه راست می‌آید و می‌نشیند روی سرش.

"چشمم به جمالِ شما روشن، شیرین خانم. خیلی شرِ حال به نَژر میای. شُبحِ به این ژودی. دیدم چطوری رفتی ژیرِ کُلات. عجب پرواژی، شیرین خانوم، تُو این شن و شال..."

"سلام آقا مرتضی. شماین؟ شما کجا، این‌جا کجا؟ راه گم کردین؟ شنیده بودم رفتین امریکا."

"شلام، شیرین خانم. حال و بال چطوره؟"

"ای، بد نیستم. شما این‌طرفا چِکار می‌کنین؟"

"واشه خاکشپاری اومدم."

"پس شمام خبر شدین؟"

"خبرای این جوری همیشه به موقع میرشن. شیرین خانوم."

به آن چهره‌ی فرسوده نگاه می‌کند؛ به خطِ تیره‌ی دورِ چشم‌ها. دو حلقه‌ی قهوه‌ای رنگ تا روی گونه‌های لاغر و تکیده گسترده. گویی بی‌خوابی کشیده‌است. به لب‌هایش نگاه می‌کند. آویخته و کبودند. می‌خندد. لب‌ها آویخته‌تر می‌شوند. دندان‌های لقِ زرد و جرم گرفته تو ذوقِ شیرین می‌زند. نگاه را می‌چرخاند به سمتِ آن قامتِ خمیده. در کاپشن پاره و رنگ و رو رفته خمیده‌تر از آن‌چه هست، به نظر می‌آید. در دل می‌گوید: "این هم تحصیل‌کرده‌هامون." ناگهان انگار غمباد گرفته باشد، بغض جایی در پیچِ گلو گیر می‌کند و صدا را از او می‌گیرد. دلش می‌خواهد بگوید: "تنهام بذار." امّا نمی‌گوید.

گرمش است. تب دارد. پالتو را درمی‌آورد و می‌اندازد روی دست. "گرمتونه شیرین خانم؟ مگه آدم توی این مملکت گرمِشم میشه؟ بپوشین. پالتوتون رو بپوشین. دنبالِ کُلاه دویدین گرمتون شده. فرهاد خان کجاش؟ هنوژ دنبالِ معامله‌ش؟ خوش به حالِ شما شیرین خانوم... ما که ببخشین از شکم مادر خر دنیا اومدیم و رفت پیِ کارش. اما حالا راشتش، بعد از مرگِ فاطی، انگاری بگی نگی، دارم یه کمی به خودم میام. ازخودم که پنهون نیش، از شما چه پنهون فائژه بِهم ژنگ ژد. هنوژ فاطی عمرش رو به شما نداده‌بود. فائژه گفت فاطی یه وشیت کرده."

شیرین می‌لرزد. سردش نیست. تب دارد. ناگهان پارک یکسره سرخ‌رنگ می‌شود. به رنگِ خون.

"ببخشین وسطِ حرفتون می‌پرم، چرا کفشاتون خونی شدن؟"

"خونی؟ کفشام. من که خونی نمی‌بینم. اما شوراخای کفشامو خوب می‌بینم. خدا رو شکر که روشون شالمه. اما کَفِشون... لامشبا

هر دوتایی شوراخ شدن و هی شنگ ریژه، مَنگ‌ریژه میره اون تُو کفِ پاهامو ژخم میکنه. میگم بابا مگه آدم توی این هوا هواکش میخواد؟"

"آقا مرتضی، خوب نیگا کنین خونه. اجازه بدین پاکِش کنم. به رنگِ سرخ حساسیّت دارم."

"حالتون خوبه شیرین خانوم؟ حالام خون باشه. ببخشین شیرین خانوم، اگه یه کمی هم‌چین، بگی نگی بی‌ادبم؛ لابد یکی از این کلاغا ریده وُ راش گُه‌ش رو فرشتاده رُو کفشام، که چی؟ که بگم بی‌خیالِ گُه. حالا چرا شما حرش میخورین. خب به کفشام نیگا نکنین. به کفشای خودتون نیگا کنین. راشتی چه کفاشای قشنگی دارین، ها... فاطی همیشه می‌گفت شلیقه‌تون حرف نداره. راشتی داشتم می‌گفتم..."

"داشتین می‌گفتین... ببخشین ساعتم یادم رفته، میدونین ساعت چنده؟"

"وقتِ دیروزه، شیرین خانوم. عجله دارین؟ تاژه داره روژ بالا میاد... ببینم، حالا اگه چشام خوب ببینن، شاعتِ شهِ..."

"دُرُست سه؟"

"دُرُش شه ... یعنی خب حالا میشه شه وُ یکی دو شه شانیه."

"سه وُ سه ثانیه؟"

"آره، شاید بشه شه وُ شه شانیه."

"فکر کنم تب دارم. باید برم خونه."

"حدش می‌ژدم شما باید یه چیژتون باشه، شیرین خانوم. خب برمی‌گردیم، منم میخوام برم شهر. باید شوار قطار بشم و از ایشتگاه

به ایشتگاه ... خب بگژَریم... بِژار یه کمی شو پاپِ اطمینانم رو بِژارَم و یه چند پکی به این شیگارم بزنم تا بعد با حرفام یه کمی مشغولتون کنم تا شمام - شیرین خانوم، به تبِتون فکر نکنین. فکر نکردن بهترین دواش: از نشخه‌های گرون‌بهای مادر بژرگِمه؛ پیچیده لای کاغذِ ژرورقی. مرحوم مادرم، بعد اژ فوتِ مادربزرگ بیچاره‌ام که جوون مرگ شد؛ عجب ژَنی بود. همه می‌گفتن: ژَن نگو، بگو شیرژن. شَد و بیشت شال عمر کرد و تا روژ آخر هم حواشش شَرِجاش بود و هی نشخه پشتِ نشخه می‌پیچید واشه‌ی نوه و نبیره‌هاش: عرقِ نعناع واشه نفخِ شکم خوبه. جوشونده‌ی بادوم واشه اشهال خوبه، ببخشین شیرین خانوم، گلاب به روتون، می‌گفتم آخه مادر جون کدوم اشهال؟ ما نَم پش نمیدیم، چه برشه به عن، ببخشین شیرین خانوم. اون وقتش میگف: شربتِ ژعفرون بخور، دلتو شفا میده. با یه کمی گلاب... شفاش بیشتره... خلاشه خانومی‌که شما باشین، مادر ما هم هی شربت ژغفرون و هیل و گلاب، اِکشیری مادر بژرگم رو دُرُش می‌کرد و به خورد ما بچّه‌هاش داد. امّا ای دل غافل، که... ببخشین شیرین خانوم، یکی از یکی ریغوتر. هی گفتم مادر آخه ژِنِ تخمی‌که دوا درمون حالیش نیش. معده درد، ارش و میراشِ پدری. بواشیر؛ ارش و میراشِ پدرِ پدری. ژعفِ عمومی؛ ارش و ورشه‌ی مادری؛ البت ناگفته نمونه، اژ جانبِ خانواده‌ی پدری، بابا بژرگِ خدابیامژرم، وگرنه خانواده‌ی مادربژرگم یکی اژ یکی، ماشاالله پهلون‌تر بودن. ای به ناژم شانش... به مادرم می‌گفتم، آخه نمیتونش این بی‌بی خدیجه یه کمی اژ اون ژِنای پهلونیش با نوه‌هاش تقشیم کنه؟ طفلکی مادرم؛ هی جوش میژد: ننه مُرتِژا، پشتِ شرِ مرده حرف ژدن خوبیت نداره. ما هم گفتیم خوب اشلاً ژِن بی ژِن و رفتیم دنبالِ مواد پواد... خب اژ شما چه پنهون هر چی درد داشتم رفت، رفت که رفت. مگه این بواشیرِ لعنتی، که دش وردار نیش. حالا نمیدونم کارِ تنبلیه یا کار

این بشت مَشتا... باژم دارین میلرژین شیرین خانوم؟ میخواین کاپشنم رو در بیارم بپوشین، شیرین خانوم. بله شیرین خانوم... داشتم می‌گفتم فائژه خبرا رو بِهِم می‌داد. فائژه گفت فاطی یه وشیت کرده، اون موقع هنوز فاطی عمرش رو به شما نداده‌بود. گفتم فائژه جون، دورت بگردم، به حُرمت دوشتیمون، اژ این حرفا با ما نَژن. ما خودمون به اندازه‌ی کافی وژنه‌های شنگین داریم برداریم. اونم نه گژاشت و نه برداشت و گفت وشیت میّت باید اجرا بشه و مرغم یه پا بیشتر نداره: دو شه روز منقلتو بژار کنار و بیا خاکشپاری. تاژه این ژندگیه واشه خودت شاختی؟ گفتم: کدوم ژندگی. گلاب به روتون شیرین خانوم بِهِش گفتم فائژه خانوم به گُه میگی ژندگی؟ گفت: پریشا چی؟ گفتم: آخه مشَبتو شکر، فائژه خانوم... شمام که پرتی خانومی... اون خانومی، منژورم پریشا خانومه، ژنِ شابقم، واشم یه نامه نوشته به آدرشِ مَمد رفقیم که بده به من... اونو باش خیال میکنه خرم نمیدونم واشه دلِ من نیش میخواد بیاد آمریکا. واشه دلِ لوش‌آنجلش موش‌آنجلشه... نه واشه دلِ ما. ما هم آبِ پاکی رو ریختیم رُو دشتِ پریشا خانومی و به ممدی گفتیم: کی داداشم ممدی؟ پریشا کیه دیگه... ژن کیه؟ تو هم دلِت خوشه داداش ممد... آخه ما وُ ژَن؟ خلاشه ما موندیم پیش ممدی ... تا شدیم وَشله‌ی ناجورقبای خودمون. ممدی مارو بیرون کرد... ای به ناژم دوشت... گفتم لقمه‌ی حروم اژ گلوی آدم پایین نمیره ممدی... منو از خونه‌ت بیرون ننداژ، داداشی‌تو اژ خونه‌ت بیرون ننداژ... یادت رفته همه ژندگی تُو اژ برکتِ وجودِ بی‌برکتِ من داری؟ وگرنه کی به تو نیگا می‌کرد، پِشَر؟ اما فایده نداش. راش تُو روم وایشاد وُگفت، برو آقا ما به خیر و تو به شلامت... ما نیشتیم. اژ اولشَم نبود اون بی‌معرفت. فقط خواش منو اشیر کنه... اشیرِ این افیون. هی رفتم مواد تهیه کردم دادم دشتِش... اونم آبشون کرد و با پولاش شد آدم وُ ما شدیم

تریاکیه، هروئینیِ آش و پاش... انگل. میدونین شیرین خانوم ببخشین هان... بی‌نژاکتیه ولی خب میدونین کون آدم می‌شوژه. اون مرتیکه‌ی یه لاقبا به من میگف انگل. خب بعدش چی؟ هیچی دیگه، یه روژ دوباره این فائژه خانوم آدرشِ ما رو تو یه خراب شده‌ی دیگه‌ای گیراُوُرد و پیغوم فرشتاد پریشا طلاق میخواد.

"طلاقش دادی؟"

"خب آره. چرا ندم؟ همون روژ یه شاعت و چند تا چیژِ دیگه از یه رفیق کش رفتم وُ رفتم آبشون کردم و با پولاش یه وکالت نومه تهیه کردم، فرشتادم پاریش. میدونم شیرین خانوم حق داری این جوری نیگام کنی. من دژد نیستم، ولی مجبور بودم. گفتم یا رومی روم یا ژنگیه ژنگی یا چی میگن؟ شیاه مشت... حالا بگژریم... آدم واشه کارِ شواب دژدی که شهله، آدم هم می‌کشه... مگه نه؟ مگه ما چریک مِریکای باژنششته‌ی امروژی، اون قدیما با اشلحه مون چیکار می‌کردیم؟ آهو شکار می‌کردیم؟ نه شیرین خانوم، شغال می‌ژدیم... به هر کی رنگِ پوشتِش شاواکی بود، به اون شگ و شغالای ارتشی... اژ شوراخِ مگشک نیگا می‌کردیم و بعدشم خِب دیگه پنگ. اما خب این قدیما بود... ما حالا دیگه پرو بالمون ریخته... بهتر شدی شیرین خانوم. داریم نژدیک می‌شیم... خوب راه رفتیم هان شیرین خانوم! این مملکت ژیادی خلوته ... تو نافِ اشتکهلم پرنده پر نمیژنه... نیگا کن... شیرین خانوم این کفشای من نبود که خونی شده‌بود... به کفشای خودتون نیگا کنین... ولی نترشین ها... خودم پاکش می‌کنم... شَبر کن... خودم پاکش می‌کنم... شاعت چیه... فقط شه شانیه گُژشته؟ شیرین خانوم... این همه حرف ژدم فقط شه شانیه از شه رفته... عجب ها...

"نه مرتضی خان ساعت سه نیس. نیگا کن داره غروب میشه. عجب، ها... آخه کلاغ لعنتی مگه کفشام توالته. نگفتی پریسا بالاخره چیکار کرد. طلاقش رو گرفت؟"

"آره بابا... البته به گفته‌ی فائژه خانوم خبرگزاری پارش. رفته با یه فرانوشوی رفیق شده. به فائژه گفته واشه ژبونش خوبه. انگاری این آقا دواش، یا عرقِ نعناعش که رودلشو خوب کنه و بارِ ژبونشو کم..."

"خُب حالا میخوای با وصیتِ فاطی چیکارکنی؟"

"شیرین خانوم... انگار این تبه میاد و میره هان... خُب معلومه میخوام چیکار کنم... میخوام خاکش کنم، برگردم برم شراغِ خونه ژنده‌گیم... اژ ما گژشته عَوَژ بشیم... حالا بژار این خونِ عن‌کلاغی‌رو پاک کنم. یه دشتمال دارم تو جیبم... نیگا کن، واشه روژِ مبادا همیشه یه دشتمال مشتمالی تُو جیبام میژارم. بلانِشبَت شیرین خانوم، انگاری کلاغه یبوشت داشته، یه رگه خون و یه شیر... بیچاره... حالا چاک بی‌چاک... خون وُ خون ریژی... اون بالا رُو درخت... نیگاشون کن چطوری پشتِ کون هم موش میژنن... آی به خشکی شانش... حالا این یکی اومد راش رید پشِ گردنم... انگاری این یکی اشهالیه... شیرین خانوم... کُلاتون... ببینین... عجب مملکتیه حتی تُو جنگلاش هم باد میاد... شیرین خانوم... کلاتون... کلاتون رو باد برد... ترو به خدا بدو بگیرش... لاژم نیش به پشِ گردنِ باریکِ من فکر کنین... خُب اینم مِشِ یه تیکه عن دماغه... از قدیما گفتن خودش خشک میشه میُفته... بُدو شیرین خانوم... کلات... پالتوت... شیرین خانوم، نگفتم تنتون کنین این هوا اعتباری نداره... نیگا کن چطوری میلرژین شیرین خانوم... میخواین کاپشنمو در بیارم؟ شیرین خانوم... چی..."

شیرین از پارکِ جنگلی بیرون می‌آید. *استکهلمس‌وِگن** را می‌گیرد و جلو می‌رود. کلاغ‌ها بر شاخه‌های درختان نشسته‌اند و غارغار می‌کنند. باد میوزد. دست را می‌گذارد روی کلاه تا باد آن را نبرد. سیاهِ پرکلاغی‌ست. با یک گلِ رزِ سیاه در گوشه‌ی چپ.

"کُلام؟ کُلام کو."

"کی من؟"

"دارم خواب می‌بینم."

"این‌جا توی پارک..."

"این وقت روز..."

"در حالِ پیاده‌روی؟"

"مرتضی. مرتضی... تو کجا رفتی؟ برگرد..."

"خدایا چرا این‌جا اینقده خلوته؟"

"چی؟ تنها نیستم؟"

"دارم با خودم حرف میزنم؟"

"چی؟ یه مشت الاغ؟"

"گاو؟ یونجه؟"

"علف؟"

"واسه کی؟"

"واسه من؟"

---

*Stockholmsvägen

"تر رو به خدا دست بردار. من دارم دیوونه میشم."

"طاعون؟"

"چی؟ طاعونِ فکر؟"

"چی گفتی مرتضی... بی‌فکری دوای همه‌ی درداست."

" مرتضی. مرتضی... تو کجا رفتی؟ برگرد... دارم از فکر سوراخای کفشات دیوونه میشم."

"کفشات مرتضی... خونِ کفشات مرتضی... تو کجا رفتی؟ با اون زخمِ زیرِ پاهات؟ برگرد... برو سر خونه و زندگیت... تنور هنوز گرمه... مرتضی. "

"چی گرمَمه؟"

"پالتوم؟"

"ولش کن باد ببردش. از اینا صدتاشو دارم."

"چی؟ باد نمی‌بردش... سنگینه؟"

"چی؟ ولی کُلام؟"

"نمی‌خوامش. دیگه نمی‌خوامش. بی‌کلاه سر سبک‌تر میشه."

"چی؟ شب پُره؟"

"چی؟ سرم از صدای شب پُره."

"خالیش کنم؟"

"کجا؟"

"توی گورِ خودم؟"

"چطوری؟"

"چطوری؟ با دستای خودم؟"

"دستام؟ دستام؟"

"کجا با این عجله شیرین خانم؟"

"کجا؟ نمیدونی؟ تُو گور. تو گورِ دستام."

"ولی تو داخلِ گورتی... سنگِ قبرت رو نمی‌بینی؟ دارن میذارنش رو قبرت. "

"آره رو گورت... خودت کَندی. یادت نیست؟"

"چرا یادمه. خودم کَندم. با دستای خودم. ای بشکنی دست، که هرچی می‌کشم از دستِ تو می‌کشم، دست... حالا میگی چیکار کنم؟"

"یه چاره کن. "

"چاره؟ چه جوری؟ با این دستا؟"

"نه با پاهات!"

"با پاهام؟ من که دیگه پایی واسَم نمونده. نمی‌بینی؟ آی مادر کجایی ببینی دخترت فلج شده."

"می‌بینم. ولی چرا داری کولی‌بازی درمیاری. آی مادر... آی مادر. تموم کن؛ این ننه من غریبم رو."

"مرتضی؛ آخه یه کمی انصاف. مادرم رو صدا نکنم، چه کنم؟ برم سرم رو بزنم به دیوار؟ مرتضی کیه، دختر! تو هم که حسابی قاطی کردی ها، مگه اصلاً روزی مرتضی رو به چشمِت دیدی، که حالا تُو خوابِت ببینی؟ بابا جون، داری خودت رو خواب می‌بینی؛ از دهنِ

مینو. با حکایت‌هاش. پاشو. پاشو. خواب بسه. کابوس بسه. پاشو یه آبی به صورتِت بزن. ظهر شده. وقتشه اوّل بری اداره‌ی بیمه. خانم شیشه پشتِ یه گیشه‌ی شیشه‌ای منتظره. بعدَم باید بری اداره‌ی کار."

"امّا یادت باشه با اون... چی؟ یادم باشه با اون کلاه و اون پالتو نرم بیرون؟ وقتشه رنگ عوض کنم؟ بشم حرباء؟ حرباء دیگه کیه؟ مَرده یا زنه؟"

"نه خره. حرباء آدم که نیس. یه سوسماره که هر وقت لازم باشه رنگ عوض میکنه."

"آی، مادر، این چیه تُو رختخوابم؟ عقرب؟ آی...مار... مار... مادرم... مار."

شیرین بیدار می‌شود. روی تختخواب نیست. روی کاناپه است. همان‌جا که شب قبل نشسته وُ تا صبّح با مهتاب حرف زده بود. آخرین صدا را می‌شنود، صدای خودش است؛ عقرب. آی... مار... مار... مادرم... مار. کمی می‌ترسد. بلوزش را درمی‌آورد، می‌تکاند. پوستِ تخمه‌ها می‌ریزند روی فرش. نیمه‌برهنه می‌رود به حمام. پشتِ حمام جلوی آینه‌ی قدی می‌ایستد. از سر تا پا به خود نگاه می‌کند. بعد به قابِ طلایی آینه. کارِ عهدِ قجر است. عتیقه است. یادگارِ پدربزرگ. یادش می‌آید با چه مکافاتی آن‌را از ایران به سوئد آوده بود. دست می‌گذارد روی دهان و با صدای بمی که انگار از تهِ چاه می‌آید می‌گوید: "خدایا این آینه چقدر زشته. چطوری این اینهمه سال تحمّلش کردم؟ اینهمه پول خرجِ چی کردم؟ حرجِ این آینه‌ی بی‌ریخت؟ از ایران برش دارم بیارمش اینجا؟ که چی؟ مگه آینه تُو این

مملکت قحط بود؟ درش بیار. بیارش پایین. یکی دیگه بخر. یه کمی امروزی‌تر، مدرن‌تر."

بلافاصله دست به کار می‌شود. امّا نمی‌تواند. آینه سنگین است. به آینه می‌گوید: "امشب. امشب، اگه دوباره سر و کلّه‌ی مینو پیدا بشه، میدونم با تو چیکار کنم." ولی نه، مینو امشب نمی‌آید. مارتین شب‌کار نیست. خانه است. خودش گفت. پس تصمیم می‌گیرد از دوستی کمک بخواهد. "وقتی برگشتم خونه، زنگ میزنم به فرشته یا به فرزانه... نه یه مرد... محسن بهتره. بعد می‌بخشمش... به خودِ محسن... یا..."

زنگ تلفن رشته‌ی افکارش را پاره می‌کند. به طرفِ تلفن می‌دود. گوشی را برنداشته بوقِ آزاد می‌شنود. سرسری دوش می‌گیرد. لباس می‌پوشد و صبحانه نخورده، به راه می‌افتد. در راه نه چیزی می‌بیند، نه صدایی می‌شنود. گوش‌ها از صداهایی درونی پُرند؛ "داری میری. به جهنم. با پای خودت. کابوسِ شب تاریخِ مصرف نداره. یک‌بند تکرار میشه. تکرار. تکرار. و باز هم تکرار. نشخوار. نشخوار. و باز هم نشخوارِ کابوس و خواب. امّا انگار هر روز تازه. شیرین می‌بینی؟ می‌بینی چطوری گورت رو با دستای خودت کندی! حالا هی بیا و برو بگو درد دارم. طاعون بود این زندگی خواستی از دستِش خلاص بشی؟ حالا بکش. حالا هی درد بکش، بگو آی درد. می‌بینی شدی یه حرباء؟ داری میری توی آستین مار. پس چرا داری با پاهای زخمیِ مرتضی میری تا سرِ خاکِ فاطی. تو که فاطی رو از نزدیک نمی‌شناسی. حالا میخوای بری خاکسپاری که بگی چی؟ بگی طفلکی راحت شد؟ اون‌وقت به مرتضی چی میخوای بگی؟ میخوای بگی پاهای قرضی‌شو تُو قبرستون جا گذاشتی، اومدی؟ آی خدا معده‌م. آی خدا سرم. سرم چرا داره گیج میره؟ خب خسته‌ای زن. تا صبح می‌شینی که چی؟

تخمه بشکنی؟ آهان فهمیدم؛ کارِ تخمه‌هاست. رودل کردم. آی روده‌هام آی مادر؛ کجایی یه نبات داغ دستِ دخترت بدی... یا یه قنداق؟ اون‌جاست... نیگا کن! برو دیگه! چرا وایسادی؟ دردِ بی‌درمونه این پادرد؟"

تا اداره‌ی کار بیشتر از صد متر فاصله ندارد. شیرین حس می‌کند خیابان و آدم‌ها درهم گوریده وُ گوله شده‌اند؛ مثلِ گلوله‌ی کاموا. گرد مثل توپ. توپی سنگی. توپ قِل می‌خورد وُ راست می‌آید و می‌کوبد بر سرش؛ انگار پتک است؛ پتکِ سنگی. به دیوار بکوب! به دیوار بکوب؛ این سر، با توپ و پتک و سنگ به دیوار بکوب؛ این سر... به مردِ میانسالی تنه می‌زند. به خودش می‌آید: "اوه، ببخشید آقا. واقعاً معذرت میخوام... خواستم به دیوار تکیه بدم. اوه معذرت میخوام آقا... حواسَم نبود. شما رو ندیدم... حالم خوب نیست. سرم گیج رفت. یعنی داره میره..." مردِ غریبه دستش را می‌گذارد روی شانه‌ی شیرین و به او اطمینان می‌دهد که مسئله‌ی مهمی نیست. گویا حالتِ لرزان و رنگِ پریده‌اش مرد را مضطرب کرده‌است. می‌گوید: "دستت رو بده. بریم روی اون نیمکت بشینیم." شیرین آشفته به نظر می‌رسد. دوباره از مردِ غریبه عذرخواهی می‌کند: "آقا، از شما معذرت میخوام... کمی گیج بودم. نه آقا... یعنی... چیزِ مهمی نیست. باید برم اداره... یعنی باید برم درمانگاه... ولی نه حالا بعد از این‌که برگشتم..." مرد به آرامی می‌گوید: "گفتم که مهم نیست. گاهی پیش میاد، دیگه. اما بهتر نیست شما یه کمی استراحت کنین؟ چند لحظه رو این نیمکت بشینین. حالتون جا میاد. کمک میخواین؟" شیرین می‌لرزد. با لکنت پاسخ می‌دهد: "نه... نه... آ... قا. مر... سی، آقا. لطف دارین... ولی... من... باید برم دیرم میشه.... وقتِ ملاقات

دارم. باید برم... اداره... اون‌جا میشم یه حرباء و بعدش میرم اداره... درمانگاه... بعدش... میشم یه عقرب توی دهنِ ماری‌که نشسته اون بالا تُو اداره... و منم نشستم توی درمانگاه... و شما آقا لازم نیست به فکرِ من باشین. من‌که عذرخواهی کردم... می‌خواین یه دفعه دیگه بگم معذرت میخوام؟ حالا دیگه باید برم... الان دارن فاطی رو خاک میکنن... مرتضام ایستاده کنار قبرِ فاطی منتظرِ پاهاشه... نمی‌بینین آق... چقده عجله دارم... مرتضی نمیتونه بی‌پا از پارک بره بیرون... خداحافظ آق..."

شیرین روی تختِ بیمارستان بیدار می‌شود. با چشم‌های خسته و تب‌دار. مردِ لاغراندام و قد بلندی کنارِ او ایستاده‌است. سوئدی است. با خود فکر می‌کند باید دکتر باشد. "من کجام؟ این‌جا چه می‌کنم؟ شماها کی هستین؟ باید برم اداره..." مرد به طرفِ او خم می‌شود. به چشم‌های نیمه‌بازِ زن نگاه می‌کند و می‌گوید: "اوه، خدا رو شکر که حالتون جا اومد. خیلی ترسیدم. اما خُب حالا شما تُو بخشِ اورژانسِ کارولینسکا*..."

چشم‌ها را می‌بندد. دارد در مِه راه می‌رود. کفش‌های پاره‌ی مرتضی را پوشیده‌است، تا به شاخه‌ای از زندگی پناه ببرد. کفش‌های خودش خیلی برای پاهایش تنگ شده‌اند. شاید هم زیادی گشاد. نمی‌داند. نمی‌خواهد بداند. این روزها نمی‌خواهد چیزی بداند. با خودش تصمیم می‌گیرد پس از مرخص شدن از بیمارستان کفش‌های مرتضی را پس بدهد و به مینو بگوید یا دیگر به خانه‌اش نیاید یا اگر می‌آید با آن قصّه‌ها نیاید. قسم می‌خورد بگوید دیگر حوصله‌ی هیچ

---

*Karolinska

حکایتی را ندارد. این آدم‌های قصّه‌های حقیقی حالش را به هم می‌زنند. "قصه‌ی یه مشت الاغِ یونجه ندیده مثلِ من." و تصمیم می‌گیرد به خود سر و سامانی بدهد و خانه را ترک کند، به مقصدِ لندن. به آسمان پرواز کند. با بریتش /یرویز♦. و همان‌جا کنارِ نیاز و نازنین زندگیِ دوباره‌ای را شروع کند. بعد از حراجِ اشیاءِ خانه و به یادگار گذاشتنِ اسکلتِ خانه برای فرهاد و بانک رهنی. امّا پیش از پرواز باید به دخترها تلفن بزند و بگوید برای چند هفته‌ای به مسافرت خواهد رفت؛ به ساحلی در اسپانیا یا به جزایر قناری. و بگوید جایشان را در آن ساحلِ رؤیایی خالی خواهد کرد. و از آن‌جا سری به آن‌ها خواهد زد. و سوغاتی فراموش نخواهد شد.

از کنترلِ فرودگاهِ هیدرو♣ ردّ می‌شود. بدون دردسر. با یک چمدان کوچک؛ با لباس‌های مناسبِ همه فصل. با پاسپورت سوئدی، اروپا خانه‌ی اوست. از امروز هرجا که بخواهد برود، می‌رود. با سرطانِ روده و یک شکم با نصفِ روده. مشکلی نیست. با پرونده‌ی پزشکی آمده‌است. و بدونِ جعبه‌ی قرصِ خواب‌آور. تصمیم دارد دیگر نه زیرِ بارِ حقه‌های رنگ وُ وارنگِ فرهاد برود، نه زیرِ بار دارو و دوا.

تاکسی‌ها صف کشیده‌اند. در مِه و دود و غبارِ رنگشان پیدا نیست. این روزها رنگِ هیچ چیز پیدا نیست. "شدم موشِ کور." امّا نمی‌داند آیا موشِ کور به راستی کور است یا نه. تاکسی نمی‌گیرد. می‌رود طرفِ اتوبوس‌ها. سوار می‌شود. کیفِ پول را باز می‌کند و یک ده پوندی می‌دهد به راننده. سیاه پوست است. لب‌های قرمزِ برجسته

♦British ariways

♣Heathrow

بر آن پوست براقِ سیاه دو چندان به نظر می‌آیند. لبخند می‌زند: "منو نزدیکیِ اوّلین هتلِ ارزون‌قیمت پیاده کنین." راننده سرد و خشک نگاهش می‌کند. باقیِ پول را پس می‌دهد. با خودش فکر می‌کند تا حالا از دستِ سیاه پوستی چیزی نگرفته‌است. به کفِ دست نگاه می‌کند؛ سکه‌ها نقره‌ای مات‌اند. به تصویرِ ملکه الیزبت نگاه می‌کند. لبخند می‌زند. در دل می‌گوید: "کاشکی، اقلاً یه ریختی داشتی." لبخندی به راننده تحویل می‌دهد و می‌گوید: "سِر♦، لطفاً به اوّلین هتل که رسیدید، خبرم کنید، لطفاً! ارزون‌قیمت... باشه. لطفاً!"

راننده، بدون کلامی حرف، به صندلی خالی پشتِ سرش اشاره می‌کند. اما پیش از نشستن باید چمدانش را در گوشه‌ی مناسبی بگذارد. وسطِ اتوبوس جای خالی مخصوص بار هست. به آن‌جا می‌رود. چمدان را کنار دو ساکِ دستی می‌گذارد. وقتی می‌برگردد، پیرزنی روی صندلی پشتِ سر راننده نشسته و بلند بلند با خودش حرف می‌زند. پیرزنی کولی، در پیراهنِ سیاهِ پرچین و شکن که تا کفِ اتوبوس می‌رسد. پشتِ سرِ راننده می‌ایستد و می‌گوید: "ببخشید، میشه به هتل که رسیدید خبرم کنین؟" مرد راننده پاسخ نمی‌دهد. "ببخشید سِر، پشتِ سرِ شما جای خالی نیست. میشه به هتل که رسیدین منو خبر کنید، لطفاً سِر!" مرد با سر علامت می‌دهد این‌کار را خواهد کرد. حال می‌داند راننده وقتی پاسخ می‌دهد که کلمه‌ی *سِر* و *پلیز*♣ را شنیده باشد، در دل می‌گوید: "قربونِ سوئدیای خودمون برم، نه آقاماقا حالیشونه، نه لطفاً مطفاً."

♦Sir

♣Please

ته اتوبوس یک صندلی خالی پیدا می‌کند و می‌نشیند. سیاه. سفید. زرد. همه رنگ. چهره‌ها همه به رنگِ مِه و دود و غبار شده‌اند. خیال می‌کند آمده تهران؛ البتّه اگر زن‌ها حجاب داشتند.

این‌جا لندن است. شهر بیگ‌بن؛ خروسِ جهان. شهرِ تایمز؛ با آب‌های دود وُ غبارگرفته. شهرِ *تاوِر بریج*♦، که دیگر باز و بسته نمی‌شود. شهرِ *هاید پارک*، و کبوترانی‌که از فردا غذا خواهد داد. این جاست؛ در شهرِ دخترهایش؛ نیاز و نازنین. "الهی مادر به قربونتون، چقده دلم واسه‌تون تنگ شده..."

نمی‌داند چگونه باید خبرِ آمدنش را به دخترهایش بدهد تا به شک نیفتند. "نمیتونم. انگاری میخوام خبرِ مرگ کسی رو بدم. بی‌خبر بهتره. سر زده میرم سراغوشون. اون‌جا که رسیدم، یه چیزی سرِ هم می‌کنم، تا بعد... تا ببینم چی پیش میاد. طفلکیا، حالا خیال می‌کنن با پدرشون تُو ساحل گرمی نشستیم و داریم آفتاب میگیریم. طفلکیا، نه از ماجرای سرطان چیزی میدونن، نه از جدایی و طلاق. خُب حالا اومدم این‌جا که چی؟ با یک چمدون خبر؟ نه! نه خیر؛ به لندن نیومدم خبری به کسی بدم. اومدم این‌جا تا از آدم و عالم بی‌خبر بمونم. امّا دخترام؟ دخترای گُلم چی؟ کاشکی می‌تونستم خبرِ اومدنم رو هم تا ابد پنهون کنم. از همین هتلی‌که حالا مرد راننده داره با دست نشونم میده..."

♦Tower bridge

پیاده می‌شود. چشم‌هایش می‌سوزند. نمی‌داند دارد گریه می‌کند یا دود و غبارِ هواست که اشک به چشم‌ها می‌آورد. نگرانِ آرایشِ صورت نیست. اوّلین بار است که آرایش‌نکرده به سفر می‌رود. "چه حسِ خوبی! نمی‌دونستم، آرایش نکردن نصفِ آزادیه. یا شایدم همه‌شه؟" وارد هتل می‌شود. به اطراف نگاهی می‌اندازد. "به هتلِ شمس‌العماره گفته زکی." چشمش می‌افتد به زنگوله‌ی طلایی رنگی روی پیشخوانِ اطلاعاتِ هتل. "واسه گردنِ گاو خوبه." زنگوله را برمی‌دارد و به صدا درمی‌آورد. پیرمردِ تکیده و قوزکرده‌ای از اتاقکِ آن‌سوی پیشخوان بیرون می‌آید. بلوزِ آستین کوتاه به تن دارد و شلوارِ مخمل‌کبریتی طوسی رنگ به پا. پاهای لاغرش لای پاچه‌های گشادِ شلوار گم است. "حتماً شلوارِ پسرِ بیتلش رو به ارث برده." سلام می‌دهد. مرد با سر پاسخ می‌دهد. "پدر از پسر ارث می‌بره یا پسر از پدر؟" شیرین لبخند می‌زند و می‌گوید: "سِر یه اتاقِ یه‌نفره. با دوش." مرد دفتری را ورق می‌زند. ده دقیقه‌ای می‌گذرد. شیرین با سرِ کج مقابلِ پیشخوان ایستاده خیره به پیرمرد. بعد از لحظه‌ای آهسته به فارسی می‌گوید: "همزادِ میستر بینه*. میستر بینِ هفتاد ساله. لب، دهن، دماغ، نگاه... عجب شباهتی!" هتلدار آن‌قدر لِفتش می‌دهد که شیرین خیال می‌کند منظورش را نفهمیده.

"ببخشید سِر، اتاقِ خالی ندارین؟"

"چرا میس."

"لطفاً یه اتاقِ یه تخته... واسه یه شب. سِر، لطفاً."

"اتاق یه‌شبه موجود نیست، میس. اتاقای هفته‌ای چرا. میس."

---

*Mr Bean

"اوکی یه هفته سِر. لطفاً."

"لطفاً پاسپورت. میس."

هتلدار کلید اتاق را به شیرین می‌دهد. کلید را می‌گیرد. نگاهی به آن می‌اندازد آهسته می‌گوید: "این انگلیسیا هیچی‌شون به آدم نبرده، آخه این کلیدِ طویله‌اس یا کلیدِ در یه اتاق. شماره‌ی اتاق؟" روی کلید شماره‌ای حک نشده. کلید را به هتلدار نشان می‌دهد و می‌گوید: "ببخشید سِر، شماره‌ی اتاق؟ شماره سِر، لطفاً." پیرمرد پاسخ نمی‌دهد. از پشتِ پیشخوان به طرفِ شیرین می‌آید و چمدانش را می‌گیرد و با سر اشاره می‌کند به دنبالش برود. شیرین پشتِ سرِ پیرمرد از راهرو تنگ و تاریکی عبورمی‌کند و به اتاق می‌رسد. "اگه مامان این‌جا بود می‌گفت سگدونی." یک تختخوابِ فنری، با ملحفه‌ی گلدارِ پنبه‌ای. بوی پودرِ لباسشویی می‌دهد. "خدارو شکر تمیزه. خُب بازم خدارو شکر؛ یه پنجره‌ی کوچک بسته. بدون پرده؟" به طرفِ پنجره می‌رود. هتلدار سری تکان می‌دهد و می‌گوید سُری.* یعنی‌که پنجره قابل باز شدن نیست. پیرمرد چمدان را کنار تخت روی زمین می‌گذارد و لحظه‌ای منتظر می‌ماند. شیرین نمی‌فهمد، پیرمرد منتظر چیست. به فارسی به او می‌گوید:

"میدونم، سرِ ساعتِ هشتِ صبح صبحانه. نه زودتر، نه دیرتر. "

پیرمرد ساکت و خیره به او ایستاده‌است، انگار منتظر چیزی‌ست. اما منتظر چه؟ شیرین نمی‌داند. "این دیگه چِشه؟ چی میخواد؟".

---

*Sorry

بعد شیرین به پیرمرد اطمینان می‌دهد که هر روز رأسِ ساعتِ هشت برای صرفِ صبحانه اتاق را به سمتِ سالنِ غذاخوری ترک کند. پیرمرد زیرِ لب چیزی می‌گوید، پشت می‌کند و می‌رود. شیرین روی تخت می‌نشنید و به کاغذ دیواری پر نقش و نگار خیره می‌شود. خانواده‌ی سلطنتی در قابِ طلایی بر روی دیوار نگاهش را با خود به دوردست‌ها می‌برد. قاب و یکی از گل‌های کاغذ دیواری وَتَری را تشکیل داده‌اند که دو نقطه‌ی گلِ دایره‌مانندی را در دایره‌ی گلی بزرگ‌تر به هم متّصل می‌کند. ملکه در وسطِ عکس نشسته. پیراهنِ آبی‌رنگی به تن دارد. تا نیمه‌تن پیدا. گردن‌بندی به گردن دارد؛ با قندیل‌های آویخته برگردنِ یک بوقلمون. "هی میری چین و چروکای صورتت رو برمی‌داری. با اون چین و چروکای غبغبت یه کاری بکن." ناگهان سردش می‌شود. قندیل را می‌بیند؛ جسمی‌ست با عدد اتمی مساوی و در یک ردیف. سرش گیج می‌رود. نمی‌داند چرا از این اتاقک سر از اوین درنمی‌آورد و سرِ از کلاسِ شیمی یا فیزیک در می‌آورد. در جمعِ دانشجویان نشسته، از آمدن به سوئد سالی می‌گذرد، از زندگی دانشجویی روزی. از فردا می‌خواهد پا به پای همسر، آینده‌ای بسازد درخشان؛ در دکه‌ی ساندویچ‌فروشی؛ در یک ردیف، در جدولِ شیمیایی و متساوی‌الخواص... ولی دارای وزن اتمیِ مخصوص... تراش با اسکنه. توخالی کردن با... به گل‌های کاغذ دیواری نگاه می‌کند؛ "زوفا ، باید زوفا باشن."

مادربزرگ می‌گفت: "گیاهی خودروس. بلندیش به شصت سانت میرسه. برگاش کوچیک و نوک تیزن وُ معطر. ریشه‌اش ضخیمه. گلاش زیبا و خوشبو. به رنگ‌های آبی یا سرخ یا سفید... مثلِ این قندیل..." و به سمتِ کوچکترین اشکِ گردن بندِ ملکه نگاه می‌کند. *سرشاخه‌های گلدارش در صنعتِ دارو سازی به کار می‌رود. یعنی در*

طبِ قدیم. لبخند می‌زند. *خلط‌آور و تسکین‌دهنده‌ی سرفه و خوب و مقوی برای معده.* به سرفه می‌افتد. هوا. اتاق هوا ندارد. خفه است. *ازش اسانس هم میگیرن.* یادش می‌آید دو سه روزی است لب به غذا نزده. معده‌اش به سوز می‌افتد. در هواپیما به مهماندار گفته‌بود؛ نو، تنکیو*میس. *گلِ محبوبِ زنبور عسله.* به کلاسِ درس برمی‌گردد. *تماس در مثلثات...* دست را روی شکم می‌گذارد و دراز می‌کشد روی تختخواب. سقف لامپ ندارد. وسطِ سقف دایره‌ای می‌بنید به رنگِ زردِ اُخرایی. درونِ دایره نقشِ گلی. برای بهتر دیدن گاهی باید زاویه‌ی دید را بست. چشم‌ها را کمی تنگ می‌کند تا بهتر ببیند. باید زیرفون باشد. دوباره صدای مادربزرگ را می‌شنود: *درختِ قشنگیه، برگاش دندونه‌دار و نوک تیز. گلاش سفید و خوشبوه.* بوی رطوبت از پرّه‌های دماغش راهِ بالا می‌گیرد و یک‌راست می‌رود توی ریه‌هایش. *درختِ زینتیه. جوشونده‌ی گلاش واسه تسکینِ دردای عصبی خوبه.* استخوان‌هایش تیر می‌کشند؛ دست و پا و سر و گردن... بلند می‌شود. *کفشات. کفشاتو دربیار زن، پاهات دَم کردن.* کفشِ ورزشی را درمی‌آورد. نایک* ساختِ تایلند. به مارکِ کفش‌ها نگاه می‌کند. نفسِ عمیقی می‌کشد. "پای همه هست." بعد کفشِ پای چپ را در دست می‌گیرد و طوری تکان می‌دهد و از گشادی کفش به درون نگاه می‌کند که انگار می‌خواهد ریگی را شکار کند. کفِ پاهایش زخمی است. پاها را به نوبت تا روی زانو بالا می‌آورد و آرام با سرانگشتان نوازش می‌دهد: "زخم یه ماهه. کاش حموم وان داشت... آخه به این میگن حموم؟ به این میگن حموم... یه دوشِ قراضه، با یه سوراخ که اسمش توالته... صابون؟" دوش را تا آخر باز می‌کند روی

---

*No, Thank you MS

*Nike

نشیمنِ توالت. چند قطره آب می‌آید و بعد آب بند می‌آید. "لعنتی، شنیده‌بودم این انگلیسیا جُودن ولی نه این‌طوری." چند دقیقه‌ای به دوش ور می‌رود. ناگهان آب با فشار تمام می‌پاشد به اطراف. توالت را می‌شوید. نشیمنِ توالت را می‌شوید. می‌رود و از چمدان حوله‌ای می‌آورد و نشیمنِ توالت را با دقّت خشک می‌کند و روی آن می‌نشیند. دوش را روی پاها باز می‌کند. فشارِ آب دردِ پاها را دو چندان می‌کند. بلند می‌شود دوش را می‌بندد. بستنِ دوش همان‌قدر دشوار است، که باز کردنش. "مشکلی نیست که آسان نشود، خانم. زور بده... آهان یه کمی دیگه..."

دوباره روی تخت می‌نشیند وُ بغض می‌کند. "نمیدونی داری چیکار می‌کنی. ن... میدونی... داری چیکار می‌کنی. داری یه دیوار دورِ خودت می‌کشی... یه دیوار به تناسبِ قد و قواره‌ی ماتمِت." دوباره خیره می‌شود به سقف. به دایره و گل. به مادر بزرگ فکر می‌کند. به بی‌بی خاتون. و اشکش سرازیر می‌شود.

"بی‌بی، قبر جای خوبیه؟"

ناگهان انگار قطعه‌ای از قطعاتِ گم‌شده‌ی پازلِ زندگی را پیدا کرده باشد، صدایی در سرش می‌پیچد:

"خودکشی. تنها راهِ چاره!"

از درون می‌لرزد. مثلِ صدایش: "نه... فراموش کن. مرگ، راه درستی نیست. این کلمه مناسب این پازل نیست. نه. نه. این واژه مناسبِ این پازل نیست. نه نه... کدوم زندگی؟ این؟ (به اتاق اشاره می‌کند) نه، نه... این زندگی. زندگی همینه. ضمناً یادت نره که دو تا دختر داری مثلِ دسته‌ی گل که مادر میخوان. پس لطفاً خفه شو. دَم نزن."

چمدان را باز می‌کند. همه چیز سرِ جایش است. هفت شورت به تعدادِ روزهای هفته؛ پنبه‌ای. به رنگ سیاه. چند کرست؛ ساده و بی‌نقش؛ سبزِ بی‌نقش، آبیِ بی‌نقش. سفید. چند جفت جوراب به همه رنگ، به رنگِ فصل‌ها.

سه دست پیراهنِ بهاره؛ ساده و بی‌نقش؛ سبزِ بی‌نقش، آبیِ بی‌نقش. سفید. سه بلوزِ بهاره؛ ساده و بی‌نقش؛ سبزِ بی‌نقش، آبیِ بی‌نقش. سفید. سه دامنِ بهاره؛ ساده و بی‌نقش؛ سبزِ بی‌نقش، آبیِ بی‌نقش. سفید.

سه دست پیراهنِ تابستانه؛ ساده و بی‌نقش؛ سبزِ بی‌نقش، آبیِ بی‌نقش. سفید. سه بلوزِ تابستانه ؛ ساده و بی‌نقش؛ سبزِ بی‌نقش، آبیِ بی‌نقش. سفید. سه دامنِ تابستانه ؛ ساده و بی‌نقش؛ سبزِ بی‌نقش، آبیِ بی‌نقش. سفید.

سه دست پیراهن مناسبِ پاییز؛ ساده و بی‌نقش؛ سبزِ بی‌نقش، آبیِ بی‌نقش. سفید. سه بلوزِ مناسبِ پاییز؛ ساده و بی‌نقش؛ سبزِ بی‌نقش، آبیِ بی‌نقش. سفید. سه دامنِ مناسبِ پاییز؛ ساده و بی‌نقش؛ سبزِ بی‌نقش، آبیِ بی‌نقش. سفید.

سه دست پیراهنِ زمستونه ؛ ساده و بی‌نقش؛ سبزِ بی‌نقش، آبیِ بی‌نقش. سفید. سه بلوزِ زمستونه؛ ساده و بی‌نقش؛ سبزِ بی‌نقش، آبیِ بی‌نقش. سفید. سه دامنِ زمستونه؛ ساده و بی‌نقش؛ سبزِ بی‌نقش، آبیِ بی‌نقش. سفید.

سه شلوار؛ برای همه‌ی فصل‌ها، سیاه.

یک جفت کفشِ ورزشی. مارکِ نایک، ساختِ تایلند. کثیف. بوی گندِ ناشی از عرقِ پا و زخمِ پا. تخدیر. گزگزِ پاها. بی‌حس و کِرِخت. پاها را به نوبت بالا می‌گیرد و زخم‌ها را با دقّت موشکافی می‌کند.

"کفشای لامصب، ببین عجب سلّاخای ماهرین. حالا اگه پشتِ پام زخم بود یه چیزی، می‌شد یه چسبِ زخم زد... ولی این لعنتیا... آخه اینم جا بود که شماها انتخاب کردین؟ کفِ پا؟" به یک تکه پارچه فکر می‌کند، به لفافِ تمیزی‌که بتواند کارِ چسبِ زخم را بکند. اما نه فایده ندارد. کفش‌ها به پایش تنگ شده‌اند. اما دراین قفس هم نمی‌توان نشست و منتظر حادثه شد. "منتظر چی؟ که ببینم فردا چه خاکی به سرم بریزم؟ اوه، ساعت چیه؟" به ساعتِ سیکوی مچی نگاه می‌کند. "این یکی رو نفروختم. از همه‌ی ساعتام ساده‌تر بود. با بندِ چرمی. ژاپنیِ اصله. و واترپوروف. صفحه‌اش طلای خالصه. واسه روزِ مبادا برش داشتم. ببینم... یازده... به وقت این‌جا میشه چند؟ عقب ببرم یا جلو؟"

دردِ زخم حالا کمانه می‌کند. مثلِ تیر، تیرِ دو سر. از وسطِ پاها تا سر، از سر تا پاها... آی پا؛ شلال شلال مثلِ همین روتختی شلال‌شلال‌شده‌ی این قفس که اسمِش اتاق است. اتاقِ یک‌تخته در یک هتل. هتلی در نافِ شهر لندن؛ شهرِ دودگرفته‌ی لندن؟"

چمدان را قفل می‌کند و با دست هل می‌دهد زیرِ تخت. کفش می‌پوشد. کوله‌پشتی را به سمتِ جلو، روی سینه آویزان می‌کند و از اتاق خارج می‌شود. در را قفل می‌کند و به طرفِ پیشخوان می‌رود تا کلیدِ اتاق را به پیرمرد تحویل دهد و از هتل خارج شود. باید بالاخره بفهمد کجاست. "خدا کنه این پیرمرد کارچاق کنِ خوبی باشه." یادش می‌آید انعامِ آوردنِ چمدان را به او نداده.

پشتِ پیشخوان خالی است. پیرمرد آن‌جا نیست. زنگ را به صدا درمی‌آورد. پیرمرد می‌آید. بلوزش را عوض کرده. آبیِ روشن. به رنگِ آسمان استکهلم. چند سکه روی پیشخوان می‌گذارد:

"Sir! Thank you very much."

پیرمرد سکه‌ها را درون یک کشو می‌گذارد. چهره‌اش می‌شکفد:

“You are welcome. Ms.”

می‌خواهد کلید را به او بدهد و بگوید می‌رود بیرون غذا بخورد. امّا چیزی نمی‌گوید. در سکوت کلید را روی پیشخوان می‌گذارد. پیرمرد سری تکان می‌دهد می‌گوید مهمانانِ یک‌هفته‌ای هتل، صاحبانِ یک‌هفته‌ای کلید هستند و لبخند می‌زند:

“Have a nice time! Se you! Ms Sheren.”

یادش می‌رود ساعت را بپرسد. با خود می‌گوید: "پیرمرد هیچی نشده رفته اسمَم رو از تو پاسپورت پیدا کرده. و بازهمون حکایتِ همیشگی: شِرن در سوئد، شِرن در لندن. تا ابد شِرن، شِرنِ اروپا... چه خاکی به سرم بریزم با این اسم؟ با این شیرینی که تلخ شد..."

بیرون می‌رود و پشتِ در می‌ایستد و به به ساختمانِ هتل نگاه می‌کند. درِ قهوه‌ای رنگِ چوبی پر است از نوشته:

خوش آمدید... تخت و صبحانه... موقعیتِ خوب... برای مسافرانِ خوبِ اسکاندیناوی... و سراسرِ جهان... هتلی به سبکِ ویکتوریا... دو ستاره و نصفی...؟ با استاندارِ معمولی، تمیز و مرتّب... با پرسنالِ مهربان... و صبحانه‌ی انگلیسی... مناسبِ خانواده‌های بچّه‌دار و مسافرانِ تنها... و یک رستورانِ خانگی با غذاهای تازه... و قیمتِ بسیار بسیار نازل... به خانه‌ی خود خوش آمدید...

به سردرِ هتل نگاه می‌کند. "پس اسم این هتلِ لعنتی کجا نوشته شده؟ وقتی اومدم دیدمش هان. از تو اتوبوس دیدمش... آه، ولش کن، وقتی برگشتم می‌پرسم. مترو؟ مترو کجاس؟"

چند قدم برمی‌دارد. به‌جز ساختمانِ خانه‌های قدیمی، چند دکه‌ی سیگارفروشی و چند بار چیزی به چشمش نمی‌خورد.

احساس می‌کند کم‌کم دارد از دستِ خودش عصبانی می‌شود. فرصت نمی‌کند تلخ شود. عبورِ سرسام آور ماشین‌ها عصبانیت را از یادش می‌برد. می‌خواهد به همان سمت برود که بود؛ سمت هتل. گیج می‌شود. نمی‌داند ماشین‌ها از کدام سمت می‌آیند و به کدام سمت می‌روند. بارِ اوّلش نیست که به لندن آمده. امّا دفعاتِ پیشین با این دفعه فرق داشت. پیشتر از این سه بار به لندن سفر کرده‌بود؛ همراه با فرهاد. لندنِ آن‌سال‌ها لندنِ دیگری بود. یا شاید حومه‌های لندن را دیده‌بودند. شهری حاشیه‌ای، کنارِ لندنِ ثروتمندان. لندنِ ماگارت تاچر و لندنِ ملکه الیزابت و لندنِ خانه‌ی دوستِ فرهاد؛ حمید، در خیابانِ خانه‌های لوکسِ چند طبقه. لندنِ هتل پنج ستاره‌ی شرایتون پارک تاوِر*؟ شرایتون پارک تاوِر در تقاطعِ نایت‌بریج و برامتون وِست؛ در قلبِ نایت‌بریج. به یاد آخرین سفرش به لندن می‌افتد.

زوج عاشق، آخرهفته‌ای به لندن آمده بودند. هتل شرایتون در قلب لندن، سقفِ خانه‌ی دوشبه‌شان شد؛ شرایتونِ پنج ستاره، این برجِ دایره مانند. آن دو روز لندن، لندنِ دیگری بود. لندنِ آن‌سوی پنجره‌های این دایره در ابری از دود وُ غبار فرو نرفته‌بود. لندنِ آن روز، به‌سانِ جزیره‌ای بود در دلِ دریایی دور و رؤیایی.

رستوران‌های شیک و شاهانه‌ی One-O-One را به خاطر می‌آورد. لب‌ها را می‌لیسد. عطرِ ماهیِ پخته در سرش می‌پیچد. و آن شب و شامِ فراموش نشدنی. طعمِ خوشمزه‌ترین ماهیِ دنیا را در دهان احساس می‌کند. فرهاد روبه‌رویش نشسته. با یک شاخه گلِ رُز فاصله. دستش را روی دستِ شیرین گذاشته و دارد به حمید وُ

---

*Sheraton Park Tower

معامله‌ی فردا فکر می‌کند، با صدای بلند و یکنواخت؛ در رستورانِ خوشمزه‌ترین ماهی‌های دنیا، در رستورانِ آشپزِ نامداری‌که برنده‌ی صدها جایزه‌ی آشپزی شده: "امسال هم *پاسکال پرویارت* بزرگ‌ترین جایزه‌ی «بهترین آشپزِ جهان» رو برده. ماهیش حرف نداره. دنیا رو بگردی آشپزی پیدا نمی‌کنی‌که آشپزیش به پای این میستر پاسکال برسه." صدای فرهاد در گوشش زنگ می‌زند. حال حرفی غیر از حرفِ معامله و بازار زده؛ بعد از غذا. در رستورانِ One-O-One و مزه‌ی خوشمزه‌ترین ماهی‌های پخته‌ی دنیا زیرِ زبانش.

شکمش به قارو قور می‌افتد. به دیواری تکیه می‌دهد، تا ببیند کجاست. به نقشه نگاه می‌کند. خیابانی را که در آن ایستاده پیدا نمی‌کند. "چشام کم سو شدن." قار و قور شکم هم امان نمی‌دهد. دست روی شکم می‌گذارد "خفه!" نقشه را تا می‌کند می‌گذارد در کوله پشتی. آهان... "این خونه نشونیِ خوبیه. چی نوشته روش؟ داگ* یعنی سگ. یادش رفته است که داگ با O نوشته می‌شود نه با U. و این داگ یعنی پستانِ جانور. حالا اگر یادش هم می‌آمد که داگِ سگ را با O می‌نویسند و نه با U، یادش نمی‌آمد این داگ یعنی پستانِ جانور. "میستر داگ با خط برجسته‌ی طلایی روی درِ سبزِ سیّدی. دکه‌ی سیگارفروشی که آب‌جو هم می‌فروشه... پوشکِ بچّه هم داره... مثلِ اکبرآقا خواربارفروشیِ محلّه‌مون. محلّه‌ی بچّگیا... اون طرف یه پمپ بنزینه، بدونِ کارگر یا مسؤل. اون طرفم یه دکه‌ی دیگه‌اس... و بعدِش این باره... نشونیِ خوبیه..."

چند قدم جلو می‌رود. مسیرش را عوض نمی‌کند. می‌ترسد حافظه قد ندهد. باز از نو، باز از صفر! ازصفرترینِ صفرها. نمی‌خواهد

---

*Dug

به خطِّ اوّل برگردد. تکرار می‌کند: "آهان... این خونه نشونیِ خوبیه. چی نوشته روش؟ داگ یعنی سگ... میستر داگ با خط برجسته‌ی طلایی روی درِ سبزِ سیّدی دکه‌ی سیگارفروشی که آب‌جو هم می‌فروشه... پوشکِ بچّه هم داره... مثلِ اکبرآقا خواربارفروشیِ محله‌مون. محله‌ی بچّگیا... اون طرف یه پمپ بنزینه، بدونِ کارگر یا مسؤل. اون طرفم یه دکه‌ی دیگه‌اس... و بعدِش این باره... نشونیِ خوبیه... خُب حالا میتونی جلو بری. پس چرا این‌جوری؟ شترسواری دُلا دُلا؟ نه این‌طوری نمیشه... سرِتو بالا بگیر. خوب نیگا کن. تو حالا یه سواره‌ای، یه شترسوار. سوارِ یه شترِ بی‌کوهان؛ شترِ لاما. یادته. وقتی بابا می‌شد شتر لامای مهربون. تو فقط چهار پنج سالِت بود. بابا خوشگلم! یه کمی دیگه بابایی... چی بابایی؟ آتیش؟ آتیش بس؟ امّا بابا خوشگلم؛ ما که آتیش بازی نمی‌کنیم. تو خودت گفتی دست به آتیش نزن؛ خطر داره. ما داریم شتربازی می‌کنیم. چی بابایی؟ صداتو نمی‌شنفم... کجا رفتی بابایی؟ پس این بو چیه دیگه؟ بوی تریاک؟ این‌جا توی این خیابونِ، یه گوشه‌ای از لندنِ بزرگ؟ نایست! بدو! تأخیر جایز نیست... اوّل به راست، نه اول به چپ، بعد به راست... بعد دوباره به راست؛ نه بعد دوباره به چپ بعد به راست...بعد بوق... آی مرتیکه حواست کجاس؟ داشتی زیرم می‌کردی. مگه کوری نمی‌بینی... که... "

"Sorry! Are you ok? Ms."

"مرض وُ سُری. دردِ بی‌درمون و اوُکی؟ مرتیکه الاغ! سرشو انداخته پایین و گاز میده وُ میره؟ جوونی دیگه، نمی‌فهمی... حالا هی گاز بده و بِرون؛ برو... به کجا میخوای بری بدبخت... زندگی یه گازی ازت بگیره که خودت حظ کنی. یه جوری گاز دادن بهت نشون بده، که تو خوابِتم نیاد... صبر کن... ببین."

"Sorry! Are you ok? Ms!"

"برو خبرِ مرگت. نصفِ جونم کردی. حالا برو. یِس، آیم اوکی.♣"

کمی گیج و دستپاچه است. به درستی نمی‌داند چند محلّه از هتل دور شده. یک مغازه‌ی خوارباری می‌بیند. وارد می‌شود: "مغازه‌ی اکبر آقای انگلیسی؛ قبل از تغییر و نوسازی." لبخندی می‌زند. به جزِ فروشنده کسی در مغازه نیست. چند بسته بیسکویت و دو بطری نوشابه برمی‌دارد و به طرفِ فروشنده می‌رود. بسته‌های بیسکویت و بطری‌های نوشابه را می‌گذارد روی نوارِ اتوماتیک. "برنجِ دودیم داریم. با زعفرانِ اعلای مشهد. همین دیروز از ایران رسیده." مرد فارسی حرف می‌زند، با لهجه‌ی عربی.

"ببخشید آقا، شما حتماً ایرانی هستین، که تشخیص دادین ایرانیَم من. ولی از ایران نیومدم. از سوئد اومدم. همین امروز."

"خوش اومدید. بله منم ایرونیم. بچّه‌ی اهوازم. بچّه‌ی آخر آسفالت. میدونی کجاس؟"

"نه. نمیدونم."

"یه جایی مثل همین خیابون. اون‌جام حالا مثل این خیابون آسفالت شده. ولی نه اون روزا... که بچّه بودم... چه روزایی بود، اون روزا. نه گرما و آتیشِ هوا حالیمون بود، نه باد و بارون و گِل وُ شل. یه توپ به مون میدادن بس بود. ولی حالا... بفرماین خانوم، مهمون ما باشین؛ قابلی نداره. حالا این‌جا توی آخر آسفالتِ لندن، کی به

♣Yes I'm ok

کیه... سه پوند خانوم. قابلی نداشت خانوم... خداحافظ خانوم... حالا، به سلامتی تا کی لندن می‌مونین؟"

"تا کی؟ هنوز نمیدونم. به امید دیدار! "

رفتارِ خودمانیِ مغازه‌دارِ جوان به دلش می‌نشیند. با لبخند ملیحی تشکر می‌کند و از مغازه بیرون می‌آید. دیگر لندن شهرِ غریبی نیست و حالا گرسنگی دیگر به روح و روانش فشار نمی‌آورد. "نه، به خطِ آخر نرسیده‌ام. تازه اوّلِ خطم. به جای نشخوارِ خاطرات یه بسته بیسکویت باز کن و یه کمی به شکمت برس. و هی خودت رو مثلِ یه میکروب زیرِ ذرّه‌بین نبر." بیسکوتی باز می‌کند. مثلِ نانِ بیات است. به سختی از گلو پایین می‌رود. خود را دلداری می‌دهد: "فکرش رو نکن. با نونِ بیاتم میشه زنده موند." هنوز قدمی از مغازه دور نشده که بسته بیسکویت به نصف رسیده‌است. در بطری نوشابه را بازمی‌کند. "خاصیتِ کوکاکولا مثلِ چاییه. کارِ چایی رو میکنه" و درجا سرمی‌کشد. گرم است. امّا می‌چسبد. باز به خود دلداری می‌دهد: "تموم شد. همه چی تموم شد." برمی‌گردد و به اطراف نگاهی می‌اندازد. "حالا کجام. بذار ببینم. هتل باید این طرف باشه... سمتِ راستم... بذار ببینم حافظه‌ام هنوز کار میکنه... آهان... اون پمپ بنزینه‌اس... این هم دکه‌هِ... این هم سیگارفروشی که آبجو هم داره، با پوشکِ بچّه و این هم خونه‌ی میستر داگ با خطِ برجسته‌ی طلایی و درِ سبزِ سیّدی و اونم هتل... خوش آمدید... تخت و صبحانه... موقعیتِ خوب... برای مسافرانِ خوبِ اسکاندیناوی... و سراسرِ جهان... هتلی به سبکِ ویکتوریا... دو ستاره و نصفی...؟ با استاندارِ معمولی، تمیز و مرتّب... با پرسنالِ مهربان... و صبحانه‌ی انگلیسی... مناسبِ خانواده‌های بچّه‌دار و مسافرانِ تنها..."

اسمِ پیرمرد چارلز است. به خودش می‌گوید چارلزِ هفتم. قیافه‌ی جالبی دارد، در شلوارِ مخمل کبریتیِ سرمه‌ای و بلوزِ صورتی. در این چند ساعت چند سالی جوان‌تر شده. در سالن غذاخوری نشسته و تلویزیون نگاه می‌کند. **میستر بین** دستمالِ دماغی را گذاشته در جبیش. حال آدامسِ جویده را توی همان جیبی جا می‌دهد که دستمال را گذاشته بود. و حالا... "ببین چطوری از کثافت و آشغال خنده می‌سازه ... خودشیرینی، اونم تُو کلیسا..." چارلز قهقهه می‌زند:

He is lovely.""Lovely.

"Yes. He is."

و با هم می‌خندند.

نوارِ ویدئویی است. چارلز عادت دارد همیشه قبل از خواب کمی بخندد. اگر نخندد خوابش نمی‌برد. اگر نخندد، مورچه‌ها می‌آیند و به جانش می‌افتند و خوابش را آشفته می‌کنند. اگر مورچه‌ها بیایند و به جانش بیفتند، زنش با ارواح می‌آید و از مورچه‌ها فیل می‌سازد. روحِ زن جادوگر است. روحِ جادوگر خوب بلد است از مورچه فیل و از فیل مورچه بسازد. زن را دوست دارد، فقط اگر با ارواح نیاید و کاری به کارِ مورچه‌ها و فیل‌ها نداشته‌باشد. اما ترکِ عادت؟ آن‌هم در آن سن و سال؟ آن‌هم بعد از مرگ؟ میستر بین‌حالا دارد با دسته‌ی کُرِ کلیسا می‌خواند. و چارلز قهقهه می‌زند:

He is lovely.""Lovely.

"Yes. He is."

و با هم می‌خندند.

نوارِ دوّم است. تازه است. همین امروز آن‌را خریده؛ چند پوند؟ به خاطر نمی‌آورد. لازم نیست به خاطر بیاورد. لازم نیست آدم همه چیز را به خاطر بیاورد. خدا مغزِ آدم را نساخته برای ضبطِ خاطره‌ها و به خاطر آوردن. خدا مغزِ آدم را ساخته برای فراموشی و فراموش کردن. و چارلز این را خوب می‌داند. اگر زن هر شب به خوابش نیاید، فراموشش خواهد کرد. اما می‌داند برای هر مشکلی راهِ حلّی هست.

شیرین دارد به زبانِ فارسی فکر می‌کند. پدر می‌گوید؛ مشکلی نیست که آسان نشود. "مشکلِ من؟ با سرطان؟ با روده‌هام؟ با طلاق؟ با دو دختر؟ در این شهر؟" میستر بین دوای مشکلاتِ چارلز است. با صدای بلند می‌گوید: "نیگا کن، عجب دست و پا چلفتیه هان! نیگا کن، دستِش گیرکرده تُو قوری. طفلک حالا با این صفِ طولانیِ درمونگاه چیکار کنه؟ آها... عجب خریه ها... تو صف وایسا! نیگا کن چیکار میکنه، مردِ جلویی رو نیشگون گرفت. طفلکی مرد پشتِ سری، خیال کرده، اون مَرده بود که انگولکِش کرد... نیگا کن، به سرِ صف رسید. چه زرنگ... به این میگن مغز." چارلز صحنه به صحنه‌ی فیلم را با صدای بلند تکرار و تعریف می‌کند. به مرد نگاه می‌کند. شاد و سرزنده است. کمی هم ساده لوح. "معلّمت میستر بین." ناگهان به یادِ دایی جان ناپلئون می‌افتد. اما نمی‌داند چرا. هر چه فکر می‌کند وجهِ تشابهی میانِ چارلز و دایی جان ناپلئون نمی‌بیند، مگر سادگیِ بیش از حدِّ پرویزِ فنی‌زاده. دلش می‌گیرد. می‌داند دیگر در قید حیات نیست. خیلی دوستش داشت. دایی جان ناپلئون را تنها به خاطرِ او نگاه می‌کرد. پیرمرد می‌گوید: "آهان خوبت شد؟" شیرین سری تکان می‌دهد و به فارسی می‌گوید: "همینه دیگه که مشتری نداری، پیرمرد، این‌طوری میخوای مشتری تور بزنی؛ «اتاقای این هتل رو هفته‌ای کرایه میدیم... اتاقِ یه شبه

نداریم.» "به اطراف نگاه می‌کند. کسی به جز آن‌ها در سالن نیست. چارلز احساساتی شده‌است. از جایش بلند می‌شود. دست‌ها را می‌گذارد روی سر و می‌گوید: "اوه، خدای من نیگا کن... چی به سرش اومد..." دستِ میستر بین در سطلِ آشغال گیر کرده. شیرین به فارسی فکر می‌کند: "چاه کن به چاه میُفته." انگلیسی را در حدِّ رفع نیازهای روزانه بلد است. نمی‌تواند ضرب‌المثل‌ها و اصطلاحات را ترجمه کند. پس سکوت می‌کند.

چارلز سکوت را می‌شکند. دُوزِ شبش را گرفته و وقتِ خواب است. یقین دارد امشب هیچ مورچه‌ای فیل نمی‌شود و هیچ فیلی، مورچه. شب‌به‌خیر می‌گوید. شیرین می‌پرسد آیا می‌تواند تلفن را قرض بگیرد. می‌شنود هروقت که بخواهد، البتّه اگر مخارجِ تلفن را بپردازد و اگر قول بدهد به خارج زنگ نزد و اگر عصر باشد و قول بدهد صحبت طولانی نشود. امّا اگر روز بود و صحبت طولانی شد، شاید او یک مشتری را از دست بدهد و آن‌وقت باید خسارتِ مشتریِ از دست‌داده را بپردازد و دراین‌صورت یک هفته اقامت در هتل می‌شود هشتاد پوند. البتّه با کمی تخفیف. به خاطر این شبِ خوش و مصاحبت خوب وُ لاولی*.

شماره را می‌گیرد. کسی جواب نمی‌دهد. دست را می‌گذارد روی قلبش. تند می‌زند. زیرِ لب می‌گوید: "این وقتِ شب؟ نیاز و نازنین؛ تا این وقتِ شب؟ دخترای گُلم این وقتِ شب؟ اونَم روزِ دوشنبه؟ فردا درس و مشق ندارین دخترای گلم؟" دلش به شور می‌افتد. به

---

*lovely

۱۳۵

خودش دلداری می‌دهد: "بد به دلت نیار؛ زن! تو هم شدی مادرت؟ تا یکی از بچّه‌ها دیر می‌اومد خونه، یا بچّه‌هِه تصادف کرده وُ یه بلایی سرش اومده‌بود." دوباره شماره را می‌گیرد. بوقِ آزاد. سه‌باره می‌گیرد. بوقِ آزاد. صدای خروپفِ چارلز را می‌شنود. باز شماره را می‌گیرد. صدای چارلز را می‌شنود. تذکر می‌دهد دیر وقت است وُ وقت خواب. پس به اتاق می‌رود تا مورچه‌های توی سرش در اتاق سه درچهار فیل شوند و از روی جسمِ لاغرش عبور کنند تا می‌توانند. هزارباره، با پاهای ستون‌مانند. کفِ پاهایی‌که هرگز زخمی نمی‌شوند؛ آن پاهای بی‌کفش. و هوای خفه‌ی اتاق. یقه‌ی بلوز را باز می‌کند. و دیوارهای گل‌مَنگلی. به دیوارها نگاه می‌کند؛ یک جنگل است. جایی در گوشه‌ای از این کره‌ی خاکی. شاید جنگلی در افریقا. نه باید جنگلی در هندوستان باشد. "به فیلای روی شکمت نیگا کن؛ بوی ادویه میدَن." آروغ می‌زند. محتوای شکم با گازی تند تا روی زبانش بالا می‌آید و نقطه‌ای از معده‌اش تیر می‌کشد. "نه بهتره نخوابم." یادِ حرفِ مادربزرگ می‌افتد:"بی‌بی خدا بیامرزم می‌گفت؛ آدم باید زود شام بخوره وُ کم، و اگه دیر خورد و زیاد، بهتره به رختخواب نره." چیزی نخورده‌است مگر نصفِ جعبه‌ی بیسکویت. "شاید از تاریخِ مصرفشون گذشته. شاید؟..."

کیسه‌ی پلاستکیِ خرید کنارِ دستش است. نیم‌نگاهی به آن می‌اندازد. "من‌که آب از سرم گذشته، خُب تاریخ مصرفِش گذشته، که گذشته. نه فکرش رو هم نکن..." کفش‌ها را درمی‌آورد. بعد لباس‌ها را. اوّل کت را درمی‌آورد پرتاب می‌کند روی تختخواب. بعد بلوزِ سبز رنگ را که مناسب فصلِ تازه‌ی زندگی‌است. و پرتاب می‌کند روی تختخواب. بعد شلوار سیاه رنگ را که به رنگِ هر بلوزی می‌خورد. و پرتاب می‌کند روی تختخواب. بعد انگار دارد استریپ‌تیز

می‌کند، کرست را درمی‌آورد، در هوا می‌چرخاند، پرتاب می‌کند روی تختخواب. حال آخرین تکه، شورت را درمی‌آورد می‌برد نزدیکِ دماغ بو می‌کند. این اوّلین بار است بوی تنِ خود را حس می‌کند؛ خوش است. از بوی نم و رطوبتِ اتاق می‌کاهد. شورت را دوباره بو می‌کند. "از دریا میاد این بو؟ بوی زُهمِ ماهیِ تازه میده این بو." لبخند می‌زند، شورت را دورِ سرش می‌چرخاند و پرتاب می‌کند روی تختخواب، بر روی کرست. برهنه می‌ایستد و با چشم به دنبالِ یک آینه می‌گردد. آینه... یه آینه قدی؟ "کاشکی این اتاق اقلاً یه آینه داشت." آینه‌ای پیدا نمی‌کند. برای لحظه‌ای چشم‌ها را می‌گذارد روی هم و خودش را در آینه‌ی قدی قاجاری می‌بیند. آینه را پیش از سفر داده‌بود به محسن. دستان را می‌گذارد بر روی پستان‌ها. شل و نرمَند. حسّ خوبی به او می‌دهند. نگاهش؟ نگاهش کجاست؟ پیشِ آن مردِ ایرانی؟ مغازه‌دارِ آخر آسفالتی؟ نه. نگاهش همین‌جاست. توی هتل. در اتاقکِ پشتِ پیشخوان، پیشِ چارلز. از این فکر به لرزه می‌افتد. به سیبِ گلویش دست می‌برد. می‌سوزد. بغض می‌کند، امّا به هق‌هق نمی‌افتد. کلوخی در گلو دارد. روی زمین می‌نشیند، درِ چمدان را باز می‌کند، حوله بر می‌دارد، می‌رود حمام. آب را باز می‌کند، ساعتی شلنگِ دوش را روی سر می‌گیرد. خسته می‌شود. "دستام خسته شدن. آخه نمی‌شد این دوش رو با یه میخی یه جایی به دیوار میزدن؟" دوش را به همان دشواری که باز کرده بود، می‌بندد، می‌رود به اتاق، دراز می‌کشد روی انبوهِ لباس‌ها و به خواب می‌رود.

"قاسم جون دوای معده‌ت یادت نره، جورابات رو برداشتی؟ مسواکت جورابات رو چی؟ ریش‌تراشت؟"

"نه یادمه. همه چی یادمه، دوای معده‌ام، شورت و جوراب و مسواک... ولی خانمی، آدم که توی گور به این چیزا احتیاج نداره. حالام که رفتم و راحتِت گذاشتم، نمی‌خوای یه نفس بکشی؟ دست بردار زن..."

"تو از کجا میدونی، آدم توی گور به این چیزا احتیاج نداره. صبر کن اوّل پات به اون‌جا برسه..."

"صبرکنم اوّل پام به اون‌جا برسه... خانمی، من که سه ماه وُ اَندیه که توی گورم... یادت رفته؟ شیرین هم اومده‌بود... وقتی داشتین خاک روی تابوتم می‌ریختین و توی سرتون میزدین: قاسمی... شوهرم... قاسمی نازنین شوهرم... رفتی و بچّه‌هات رو بی‌پدر گذاشتی...؟ بابا... شترم... بابا... لامای خوشگلم... رفتی منو بی‌شتر گذاشتی؟... یادت رفته زن، به همین زودی؟ به دخترت نیگا کن؛ دخترِ خودمه. شیرین، نیگا کن چطوری داره توی لندن دنبالِ بابا شتریش می‌گرده؟ می‌بینی زن... بازم معرفتِ بچّه‌هام... از اون سرِ دنیا میان به سراغِ بابا... توی گور..."

از خواب می‌پرد. تب دارد. می‌لرزد. می‌ترسد. دلش می‌خواهد به اتاقِ چارلز برود و بگوید: "بابا... بابا شتری که با اون شلوارای مخمل کبریتی‌ت خیلی از بابا شتری راستیم، شترتری... بغلم کن."

به طرفِ در می‌رود. پشتِ درمی‌ایستد. اما در را باز نمی‌کند وُ همان‌جا پشتِ در می‌ایستد وُ با صدای بلند می‌زند زیرِ گریه. چه مدّت در این حالت می‌ماند، نمی‌داند. فقط می‌داند که به جز صدای هق هقِ بلندش و صدای لرزشِ چانه و به هم خوردنِ دندان‌ها، صدای دیگری هم می‌آید. صدا از کجاست؟ نمی‌داند.

صدای نگرانِ مردی‌ست. از پشتِ در می‌آید. می‌گوید باید آمبولانس خبر کند. صدا به التماس می‌افتد: "میس شرن! لطفاً... باز کنین." امّا شیرین در را باز نمی‌کند. حالا صدا می‌گوید اگر میس شِرن در را باز نکند باید بلافاصله به پلیس خبر دهد. پلیس؟ خوب می‌شنود. پیرمرد است؟ چارلزِ هفتم. کمی به خود می‌آید. آهسته می‌گوید: "اوه، میستر چارلز، متأسفم شما رو بیدار کردم. منظوری نداشتم. خواب بودم. معده‌ام توی خواب درد گرفته‌بود، از خواب پریدم، خیال کردم خونه‌ی خودمَم. پیشِ مادرم. زدم زیرِ گریه. اوه، میستر چارلز، متأسفم، اجازه بدین لباس بپوشم."

پیرمرد با شنیدن صدای شیرین نفسِ عمیقی می‌کشد و پشت می‌کند و آهسته از اتاق دور می‌شود، در حالی‌که زیرِ لب می‌گوید: "اوه خدا رو شکر! من حوصله‌ی مشتریای پردردِ سر رو ندارم. هتل جای عرق‌خورا نیست... سیاه مست..."

صدای قدم‌های آهسته دور می‌شود. شیرین سست و نیمه‌هوش می‌افتد روی تخت. "خدا رو شکر که به خیر گذشت."

دو هفته است هتلی بی‌نام در شهرِ بی‌در وُ پیکرِ لندن خانه‌ی شیرین شده. هر روز همان حکایتِ هرروزی. از خواب بیدار می‌شود. دوش می‌گیرد. لباس می‌پوشد. به سالن غذاخوری می‌رود. هرروز، سرساعتِ هشتِ صبح صبحانه‌ی انگلیسیِ دستِ پختِ آقای چارلز را می‌خورد. یکی دو روز است به مزه‌ی چایِ انگلیسی عادت کرده. حالا آقای چارلز با او صبحانه می‌خورد. بعد از صبحانه به اتاق می‌رود. دندان‌ها را مسواک می‌زند. کوله‌پشتی را برمی‌دارد می‌رود پیشِ آقای چارلز، تلفن را قرض می‌گیرد. به دخترهایش نیاز و نازنین، به دوقلوهای نازنینش زنگ می‌زند. بوقِ آزاد می‌شنود و سرش لبریز می‌شود از خیال‌های بد. "نکنه مریض باشن؟" اینک هر روز حرفِ دل وُ خیال‌های بد را با آقای چارلز تقسیم می‌کند، و حرف‌های تسکین‌دهنده می‌شنود؛ *نگران نباش و بد به دل نیار، جوان‌ها هزار کار دارن و مثلِ پیرها بی‌کار نیستن.* بعد به خاطرِ متانت و شکیبایی و پندهای خوب تشکر می‌کند و از هتل می‌رود بیرون. به کجا؟... به همان راهِ هر روزه.

نوشته‌های روی درِ قهوه‌ای رنگِ هتل را از حفظ شده‌است. هر بار که از در هتل بیرون می‌آید بدون این‌که برگردد، نوشته‌ها را درسر مرور می‌کند: خوش آمدید... تخت و صبحانه... موقعیتِ خوب... برای مسافرانِ خوبِ اسکاندیناوی... و سراسرِ جهان... هتلی به سبکِ ویکتوریا... دو ستاره و نصفی...؟ با استاندارِ معمولی، تمیز و مرتّب... با پرسنالِ مهربان... و صبحانه‌ی انگلیسی... مناسبِ خانواده‌های بچّه‌دار و مسافرانِ تنها... (این‌جا که می‌رسد مکث می‌کند و آه می‌کشد) یک رستورانِ خانگی با غذاهای تازه... و قیمتِ بسیار نازل... به خانه‌ی خود خوش آمدید...

به آن‌سوی خیابان می‌رود. با چپ و راست دیگر مشکلی ندارد. به پلاکِ سردرِ خانه‌ی آقای *داگ* هم نگاه نمی‌کند. از روبه‌روی خانه عبور می‌کند و زیرِ لب می‌گوید: *منزلِ ، آقای سگ*. می‌خندد. این روزها به چیزهای کوچک و جزئی می‌خندد. از تهِ دل می‌خندد. گاهی هم بی‌دلیل. از دکه‌ی سیگارفروشی که آبجو و پوشک هم می‌فروشد می‌گذرد، بدون این‌که به دکه نگاه کند. حال دیگر به یادِ اکبرآقای خواربارفروشِ محلّه‌ی بچّگی‌ها هم نمی‌افتد. پمپ بنزین را هم ببیند یا نبیند تفاوتی ندارد. به هرحال می‌داند آن‌جا، آن‌سوی خیابان، مقابلِ دوّمین دکه‌ی سیگارفروشی سرِ جای هر روزی است. حالا خوب می‌داند به کجا می‌رود. چند قدم آن‌طرف‌تر مغازه‌ی ممدی‌ست؛ "مغازه‌ی اکبر آقای انگلیسی". شیرین هر روز به آن جا می‌رود، امّا چیزی نمی‌خرد.

امروز شیرین تنها صبحانه می‌خورد. آقای چارلز کمی کار دارد. مشتری‌های یک هفته‌ای هتل می‌خواهند بروند. یک خانواده‌ی افریقاییِ پنج نفره؛ یک مردِ فربه و کوتاه قد در کت و شلوارِ سرمه‌ای، زنی فربه و کوتاه قد در پیراهنِ بلندِ گلدار و سه بچّه‌ی قد و نیم‌قد؛ با موهای مجعد و وِزوِزی. "از کجا میان؟ چرا این‌جا تو این هتل؟ حالا میخوان کجا برن؟" نمی‌داند و نمی‌خواهد بداند. صدای آقای چارلز را می‌شنود:

"...again... thank you very much! Se you!"

شیرین به حضورِ چارلز عادت کرده‌است. در دل آرزو می‌کند مهمانانِ یک هفته‌ای هتل زودتر بروند و چارلز بیاید. به نان دست نمی‌زند. باید یواش‌تر بخورد تا سر وُ کلّه‌ی پیرمرد پیدا شود. زیرِ لب غرولند می‌کند: "سیاهای لعنتی، حالا نمی‌شد ساعتِ ده از هتل برین؟" یادِ حرفِ دیروزِ چارلز می‌افتد: "بدونِ تو صبحونه مزه نمیده... اگه از این‌جا بری چیکار کنم؟" دلش گرم می‌شود. صبر می‌کنم تا بیاد. "امّا نه، ممدی چی؟ اونم منتظره." بی‌اختیار دست می‌گذارد روی قلبش. "حتی اسمِش حالمو یه جورِ دیگه میکنه." آهسته آهسته لقمه را می‌جود. دو سه دقیقه. دو سه دقیقه هم کافیه... بهش میگم باید برم. سرانجام آقای چارلز می‌آید. اما باید برود.

"Are you ready? Do you want go?"

"Yes. Sorry. It was very bad breakfast, without you...but... I ... must ..."

"I know. Sheren. Kiss."

“Kiss Charlez.”

" ” Sheren!

" Yes."

" I feel..."

" What? What do you feel?"

"I feel... I, m in love."

" Oh... so good... I too."

شیرین سرِ ساعتِ ده صبح روبه‌روی مغازه‌ی اکبر آقای انگلیسی شانه به شانه‌ی محمّد منتظر ایستاده، تا در مغازه را باز کند. محمّد کلیدِ مغازه را از جیب در می‌آورد. امّا در را باز نمی‌کند. به طرفش برمی‌گردد و بی‌مقدّمه می‌گوید: "شیرین خانم! نمیشه برنگردین سوئد؟" شیرین اطمینان می‌دهد تا دخترهایش را نبیند از جایش تکان نخورد. محمّد قانع نمی‌شود. چند قدم به شیرین نزدیک می‌شود. آهسته می‌گوید: "میخواین توی کارای مغازه به من کمک کنین؟ قراره دستی به سر وُ روی مغازه بکشم و یه کمی تغییراتِ اساسی بدم و... اگه بخوای میتونی یه مدّت این‌جا کار کنی. یه کمی به کمک احتیاج دارم، به یه کمی سلیقه‌ی زنونه..."

به دلش برات شده‌است؛ امروز آن اتفّاقی که هرگز تصورش را نمی‌کرد می‌افتد. رعشه بر تنش می‌افتد. با خود می‌گوید: "نه شیرین... کار بهانه است. خجالت بکش. خودت رو کنترول کن. این‌کارا در شأنِ تو نیست. اونم یه زن... مثلِ تو... از خانواده‌ی شریفِ قاسمی... با دو مرد... یکی به سنِّ بابات، یکی به سنِّ بچه‌هات؟ تو کجا وُ این آدما کجا... تو کجا وُ این فکرای شیطونی کجا؟ تو... تو... تو

شیرین... تو... تو ...تو هی میگی تو... مگه تو کی هستی، که هی میگی؛ تو؟ حالا تو؟..."

محمّد در را باز می‌کند. لامپ‌های مغازه را روشن می‌کند. شیرین وارد می‌شود. محمّد در را از درون قفل می‌کند. شیرین آهسته می‌پرسد: "پس چرا درو قفل می‌کنین؟ آقا ممد!" محمّد لبخند می‌زند. "مگه شما نگفتین، حاضرین این‌جا کار کنین؟"

"خُب..."

"خب تا قبل از اومدنِ مشتریا باید با کارای مغازه آشناتون کنم و از برنامه‌هام واسه‌تون بگم. بدونِ مزاحم."

محمّد از قیمت‌ها و برچسب‌ها شروع می‌کند.

"توی آخرآسفالت؛ تاریخ مصرف معنی نداره. پس تاریخِ مصرف، بی‌مصرف... این‌طوری برچسبا رو عوض می‌کنین... این‌جا یه کمی جابه‌جایی لازمه..."

یک ردیف قفسه، مغازه‌ی باریک و دراز را از وسط به دو قسمت کرده و دو ردیف قفسه‌ی دیگر در دو سوی بردیوارها نصب شده‌است. از راهروی باریکِ میانِ قفسه‌ها به پیش می‌روند، شیرین می‌گوید: "مغازه‌ی اکبر آقا اسمِ بامسمّاییه. میدونین آقا ممد، چند تا از این‌جور مغازه‌ها تو استکهلم هم هست؟"

"چند تا؟"

"نمیدونم. یه عالمه. تو محلّه‌های خارجی‌نشین، مثلاً رینکِبی، تِنستا، فیتیا*. کافیه برچسبا رو عوض کُنین و سوئدیش کنین؛ پوند

* Rinkeby, Tensta, Fittja

رو بکنین کرون؛ میشه حسابی یکی از همین مغازه‌ی اکبرآقای سوئدی."

به انتهای مغازه می‌رسند. محمّد می‌گوید این قسمتِ مغازه را به آقا ماشاالله اجاره داده‌است. قرار است بشود گوشت‌فروشی. موزائیک‌کاری از این‌جا شروع خواهد شد. طرفای ظهر حدود ساعتِ یک دو کارگرها خواهند آمد و این قسمت باید خالی شود. محمّد ناگهان ساکت می‌شود. آهسته به سمتِ شیرین برمی‌گردد و می‌ایستد مقابلش. مثلِ دیوار. شیرین کمی عقب می‌رود. به دیوار تکیه می‌دهد. کمی ترسیده‌است. به چشم‌های محمّد نگاه می‌کند. مثلِ چشم‌های برّه معصوم و بی‌گناهند. مهربان. نرم و بی‌خطر. کمی آرام می‌گیرد و با ناله می‌گوید: "نه ممد آقا... من..."

محمّد هم‌چنان ساکت است. خیره بر چشم‌های میشیِ شیرین. سکوت در سیاهیِ چشم‌هایش می‌افتد. بزرگ‌تر می‌شوند. سیاهی بر صورتِ رنگ پریده‌ی شیرین می‌پاشد. خشکش زده. تکان نمی‌خورد. محمد نفسِ عمیقی می‌کشد می‌گوید: "میدونی... شیرین خانوم از همون روزِ اوّل... که اومدی این‌جا..." می‌خواهد بگوید جای مادرِ اوست. امّا نمی‌گوید. دهانش قفل شده‌است.

"میدونم چی میخوای بگی شیرین خانم. میخوای بگی بچّه دارم. خُب منم دارم. اما نه تو شوهر داری و نه من زن. تو شوهرت رو ول کردی، اومدی این‌جا. منم که... خودت خوب میدونی... برات تعریف کردم... زنَم با یه بچّه منو قال گذاشته رفته."

شیرین بر دیوار میخکوب شده‌است. محمّد یک قدم به جلو می‌آید. دو دستش را در دوطرفِ شیرین به دیوار تکیه می‌دهد. "شیرین! دوستت دارم."

و امروز اتفّاقی رُخ خواهد داد که به خوابِ شیرین هم نمی‌آمد. اتفّاقی که برای محمّد اتفّاق نبود؛ او چند شب پشتِ سرهم خوابِ این لحظه را دیده‌بود و انتظارمی‌کشید. اتفّاق از یک بوسه‌ی ساده بر روی گونه‌های گُر گرفته‌اش شروع می‌شود. مثلِ چوبِ خشک ایستاده‌است. نگاه را از چشم‌های نیازمندِ مرد جوان می‌دُزد. تیک تاکِ ساعتِ دیواری در سکوتِ مغازه می‌پیچد. و نفس‌های تندشان. مرد جوان لب‌هایش را می‌بوسد. تیک‌تاکِ عقربه‌های ساعت شتاب می‌گیرد. لب‌های مرد داغ و داغ‌تر می‌شوند و نگاهِ زن آرام‌تر. و تنش ابریشم نرم و لغزنده. عقربه‌های ساعت از حرکت باز می‌ایستند.

محمّد، شیرین را زیرِ بارانِ بوسه تر می‌کند وُ دکمه‌های بلوزش را یکی یکی باز. شیرین می‌نالد: "نه ممد... ممد، نه...تا همین جا بسه... م... ممد...خواهش..." محمّد دهانش را با بوسه می‌بندد: "شیرین.... تو داری با لبت، با نیگات، با چشات، با این سینه‌هات بِه من میگی آره، پس چرا با زبونِت هی میگی نه؟"

مرد جوان دست را روی لبانِ خیسِ شیرین می‌گذارد و با لب از سینه‌ی برهنه‌ی شیرین راهِ پایین را می‌گیرد. شیرین حالا به خواب رفته‌است. دارد خواب شاهزاده‌ای را می‌بیند، در هتل پنج ستاره‌ی شرایتون پارک تاوِر، در تقاطعِ نایتز بریجو برامپتون وست؛ در قلبِ نایتزبریج. این هتلِ پنج ستاره برجی‌ست دایره‌مانند. از هر اتاق که بیرون را نگاه کنی لندن را زیبا و رؤیایی می‌بینی. آشپزِ رستوران شیک و شاهانه‌ی One- O- One خوشمزه‌ترین ماهی دنیا را برایش پخته. بوی ماهی می‌آید. بوی بهترین ماهی‌های جهان.

"اوه شیرین... شیرین زنِ آرزوهام بوی ماهی میدی. ماهیِ تازه. بو کن."

محمّد نازِ شیرین را می‌لیسد. با انگشت‌های دستِ چپ نازش را نوازش می‌کند، بعد انگشتان را می‌گیرد زیرِ دماغِ شیرین: "بو کن! آدم رو مست میکنه، این بو."

شیرین شامی می‌خورد فراموش‌نشدنی؛ تنها، با شاهزاده‌ی رؤیاهایش. روبه‌رویش نشسته. با یک شاخه گلِ رُز فاصله. دستش را روی دستانش گذاشته و به هیچ معامله‌ای فکر نمی‌کند.

"یه بار... یه بارِ دیگه... از نو شیرین... امروز کار بی کار..."

"مگه نگفتی کارگرا تا یه ساعت دیگه میان؟"

در رستورانِ خوشمزترین ماهی‌های دنیا، باز پاسکال پرویاراتِ آشپز، بزرگ‌ترین جایزه‌ی آشپزی جهان را به نام خود کرده؛ "ماهیش حرف نداره." صدای شاهزاده در گوشش می‌پیچد؛ "شیرین... فدات... نه زوده... حالا زوده... یه بارِ دیگه... میگن تا سه نشه بازی نشه. تازه دوّمیه... فدات... فدای چشمات شیرین... که دارم کُس‌تو توش می‌بینم. رنگِ عسله شیرین... مثلِ خودت شیرین... بذار بلیسمِش... بذار این ماهیِ تازه رو بلیسم... اینقده بلیسم تا همین‌جا وسطِ مغازه غش کنم توی بغلِت... شیرین."

شاهزاده‌ی رؤیاهای شیرین حالا از یک معامله‌ی دیگر حرف زده-است؛ بعد از غذا. در رستورانِ One- O- One یا کفِ مغازه‌ی اکبر آقای انگلیسی، حالا دیگر فرقی نداشت. باید به این صدا لبیک

می‌گفت: "نیگا کن! بگیرش توی دستات. بعد از سه بار... بازم مثلِ سنگه، سیخه سیخه کیرم. شیرین."

شیرین ساعتِ ده شب به هتل می‌رود. محمّد او را تا درِ هتل همراهی می‌کند. شیرین از محمّد خواهش می‌کند وارد هتل نشود "پیرمرد رَم میکنه." چند دقیقه‌ای پشتِ در هتل در آغوشِ هم فرو می‌روند و همدیگر را می‌بوسند. شیرین خود را از آغوش محمّد بیرون می‌کشد.

"الان پیرمرده میاد و درو قفل کنه ممد... ساعت دهه."

"خجالت نکش بهِم بگو ممد جون!"

محمّد جلو می‌آید. باز در هم می‌پیچند. پس از لحظه‌ای بوسه و بغل از هم جدا می‌شوند. شیرین آرام و بی‌صدا وارد هتل می‌شود. پیرمرد پشتِ پیشخوان نیست. با خود می‌گوید: "حتماً توی سالنه داره میستر بین نیگا میکنه."

شیرین یک‌راست می‌رود به اتاق و دوش می‌گیرد. چون بوی زُهمِ دریا می‌دهد. خود را با حوله‌ای که هنوز نمِ دوشِ صبح را دارد، خشک می‌کند. شورت تمیزی به پا می‌کند. بلوزِ آبی آستین‌کوتاهی روی شلواری تمیز می‌پوشد و از اتاق می‌رود بیرون. با چشمانِ بسته از راهروِ تنگ و تاریک هتل به طرفِ سالن غذاخوری می‌رود. گویی روی ابر راه می‌رود. پیش از رسیدن به سالن غذاخوری، چند بار لب‌هایش را درهم فرو برده و طعمِ بوسه‌های محمّد را مزه می‌کند. حسِ عجیبی دارد. تا لحظه‌ای دیگر باید کنارِ چارلز بنشیند و میستر بین نگاه کند. امّا شاید این تنها لحظه‌ای باشد، که او بتواند فرصتِ اندیشیدن به یک روزِ آزادِ زندگی را پیدا کند. یک‌روز بدونِ نقشه‌ی قبلی، یک‌روز بدونِ قیدها و بندها.

آه... چقدر خوشبخت خواهدبود، امشب... فقط اگر صدای دخترهایش را بشنود، خوشبختی‌اش دوچندان خواهد شد، امشب.

واردِ سالن می‌شود. پیرمرد پشتِ میزی‌که برای دو نفر چیده شده، نشسته‌است وُ رم کرده؛ ترش و اخمو در گوشه‌ی از سالنِ، جای همیشگی، روبه‌روی تلویزیونِ پناسکونیک۱۴. رنگی. شام روی میز سرد شده‌است. به طرفش می‌رود. پیشانیِ مرد را می‌بوسد و می‌گوید که کار پیدا کرده‌است و باید خوشحال باشد، چون دیگر نگرانِ پولِ هتل نیست و می‌تواند همین‌جا در همین هتل کنارش بماند. پیرمرد به او نگاه می‌کند وُ لبخند می‌زند.

"Sure... Sheren sure?"

"Sure... darling sure."

" I have maked a litle diner for us."

"Oh thank you Charlez...but..."

شیرین دوباره پیشانیِ پیرمرد را می‌بوسد وروبه‌رویش می‌نشنید. "از فردا میشم فروشنده‌ی مغازه." پیرمرد نیم‌نگاهی به شیرین می‌اندازد و می‌گوید: "گود*." بعد بدون یک کلمه حرف شروع می‌کند به غذا خوردن. حال شیرین پسر بچّه‌ای می‌بیند آرام و حرف‌شنو. غذای سرد را می‌خورد و نق نمی‌زند. بعد از چند دقیقه سکوت را می‌شکند: "میدونی... قراره حتی اسمِ مغازه عوض بشه. از امروزکارگرا شروع کردن به کار. قراره دیوارای مغازه کاشی‌کاری بشه. خُب باید استاندارد رو بالا برد. بشه اروپایی. اون‌وقت از یه

---

*Good

خواروبارفروشیِ کثیف و بی‌ریخت، میشه یه سوپرمارکتِ دُرُست وُ حسابی. یه سوپرمارکتِ شکیل و تمیز با قسمت‌های مجزا؛ قسمتِ لبنیات، قسمتِ گوشت و کالباس، قسمتِ مرغ و ماهی، قسمتِ سبزیجات و میوه، قسمتِ حبوبات، قسمتِ تنقلات؛ تنقلاتِ ایرونی، بهترین تنقلاتِ ایرونی، از بهترین صادر کننده‌گانِ وطنی، قسمتِ ادویه و خیارشور و مربا و هرچه شیشه. و قسمتِ شیرینیجات و قسمتی هم برای من؛ شیرین." پسربچّه گوش‌هایش را تیز می‌کند. خیره بر دهانِ مادر آرام آرام غذایش را می‌جود. چند قطره سُس می‌چکد روی بلوزِ آبیِ آسمانی. مادر اعتنایی نمی‌کند. گرمِ تعریف است. کودک کمی گیج شده. "چرا میگه: قسمتی هم واسه من؟"

“What do you mean mom? Do you want go? From me?”

مادر ناگهان چشمش می‌افتد به لکه‌های قرمز رنگِ سُس:

“You must be careful!”

"نه، سوپرمارکت جای زندگی نیست. خاطرت جمع کاکل زری، چشم بلبلی. همین‌جا می‌مونم."

به کودک لبخند می‌زند، از روی میز دستمال کاغذی برمی‌دارد. به کودک اطمینان می‌دهد تنها قسمتی از مغازه را خواهد چرخاند، و لکه‌های پیراهن را پاک می‌کند: "پسرم امشب مثلِ هر شب نیست. امشب یه شبِ فراموش‌نشدنیه. قول میدم وقتی نوبتِ میستر بین برسه، از تهِ دل با تو بخندم." امّا انگار ناگهان کودک پیر شده‌باشد با اندکی تعجب به مادر نگاه می‌کند و کمی شرم‌زده می‌گوید: "وقتی ما می‌تونیم بدونِ میستر بین هم شاد باشیم، دیگه ضرورتی نداره این‌جا بشیم و میستر بین نیگا کنیم؟ یا؟ دیگه نه به وجودِ میستر بین نیازی نیست. از اینا گذشته میستر بین به دورانِ کودکی تعلّق

داره ، نه به حال. حالا که دندونام ریخته و خنده دهانِ بی‌دندون رو زشت میکنه." شیرین از حرف‌های کودکِ پیرنما سردر نمی‌آورد و می‌خواهد سر کودکش را با حرف یا پرسشی گرم کند. "آیا چارلزِ کوچولو میدونه بین به فارسی یعنی چه؟" و چارلزِ پیر نمی‌داند. کودک تنها دو سه کلمه فارسی بلد است؛ "سلام صب به هیر." پس مادر می‌گوید:

"لوبیا."

"لُب یا"

"نه،لُب یا... لوبیا"

"ن... لُب یا... لُب یا."

و چون امشب مثلِ شب‌های دیگر نیست و مادر خیلی خوشحال است، تصمیم گرفته فقط بخندد. پس قهقهه‌ی بلندی سر می‌دهد وُ می‌گوید: "من میگم انف تو نگو انف... پس چی بگم؟ بگو انف." چارلز پیر اصلاً سردرنمی‌آورد و خیره نگاهش می‌کند. نگاهِ بچّه گویا و خواناست. مثلِ نگاهِ نیاز و نازنین. به یاد دخترهایش می‌افتد. ساکت می‌شود. دوباره دلش به شور می‌افتد. چارلزِ پیر فکرش را می‌خواند. می‌پرسد آیا به دخترهایش فکر می‌کند. و مادرکه از تیزهوشیِ کودک تعجب کرده پاسخ می‌دهد: "بله. از کجا فهمیدی؟ پسرکِ بلا..." چارلزِ پیر می‌گوید: "از رنگ نگات" و می‌گوید رنگ نگاهِ شیرین، رنگ نگاهِ زنش شده. پسر یکی‌یک‌دانه‌اش بعضی از شب‌ها دیر به خانه می‌آمد. تا آمدن پسر مادر نگران می‌ایستاد پشتِ در. آن‌وقت رنگِ چشم‌های مادر همین رنگ می‌شد، که حال چشم‌های شیرین. ولی حالا هر دو رفته‌اند و پیرمرد را تنها گذاشته‌اند. پسر؛ چارلز هشتم در یک تصادف رانندگی رفت وُ مادر را تنها گذاشت و

زن از داغِ مرگِ پسر، غمباد گرفت وُ گوشه‌ی خانه نشست، بیست سال سکوت کرد وُ هی رنگِ نگاهش تیره و تیره‌تر شد تا روزگارش شد شبِ سیاه. ناگهان شبی گفت: "دیگه بسه. رفتم. خداحافظ." پیرمرد آه می‌کشد. به شیرین می‌گوید برود و تلفن بزند و اگر جوابی نشنید، نگران نشود چون روزِ جمعه است و حتماً بچّه‌ها رفتند به جشن و پارتی. یا شاید به یک بار یا به دانسینگی. بعد چارلزِ کوچولو به مادر قول می‌دهد وقتی برگردد تازه‌ترین نوارِ فیلمِ میستر *لُب‌یا* را به خاطرش خواهد گذاشت. از مادر پنهان نمی‌کند که فیلم را بی‌اجازه‌ی مادر، در غیابش تا نصفه دیده، اما این گناهِ او نبود، چون مادر امشب دیر به هتل آمده و غذا هم سرد شده، امّا مادر باید از سرِ تقصیرِ او بگذرد، چون فیلم خیلی خنده‌دار است و از آن فیلم‌های کثافتکاری نیست که حالِ مادر را به هم بزند.

شیرین به طرفِ پیشخوان می‌رود. پس از نیم ساعتِ با دست‌های شل و آویخته و چشم‌های مات و بی‌رنگ برمی‌گردد. چارلز مادرِ نگران را می‌بیند امّا هیچ نمی‌گوید. شاید در دل می‌گوید؛ *صبر کن، الان* میستر لُب‌یا *حالت رو جا میاره.* سرِ کودک به طرفِ مادر خم است وُ نوکِ انگشت‌ها نوار را به درونِ دستگاهِ ویدئو سُر می‌دهد. دهانِ نیم‌بازِ پیرمرد را می‌بیند، باز دارد دلداریش می‌دهد: "تُوی خونه موندن، اونم شب شنبه، اونم تُوی شهرِ بزرگِ لندن، اونم دوتا جوون..."

دست دردستِ هم کنارِ هم نشسته‌اند؛ انگار پدری با فرزند. پدر از دختر می‌خواهد نامِ فیلم را حدس بزند. و دخترِ زیرک و دانا به یقین می‌داند که فیلم به نحوی باید با روزگارِ درس و مدرسه در ارتباط باشد. پدرِ مهربان هوشِ و زکاوتِ دختر را تحسین می‌کند، می‌گوید:

“Yes.Very good. Back to school.”

"I knew."

با همانِ ماشینِ قدیمی زردِ مغز پسته‌ای می‌آید. کاپوتِ ماشین را مثلِ کاکلِ پرنده‌ای رنگ کرده‌است. مثلِ همیشه در همان کت و شلوار قهوه‌ای. سربازها در حیاطِ مدرسه دارند رژه می‌روند. بین باید هر چه زودتر ماشین را گوشه‌ای پارک کند. همه پیش از او آمده‌اند و او مثلِ همیشه دیر رسیده‌است. جای خالی پیدا نمی‌کند. ناگهان چشمش به ماشینِ کوچکِ زردِ مغز پسته‌ای پارک کرده‌ای می‌افتد. باید جفتِ ماشین کوچکِ زردِ مغز پسته‌ای خودش باشد؛ ماشین‌های دوقلو؟ جفتِ پارک کرده؛ زردِ مغز پسته‌ای، با کاپوتِ کاکلیِ سیاه. بین می‌خواهد با هل و زحمت، جفتِ دوقلوی ماشین را از پارکینک خارج کند. دو سرباز به کمکش می‌شتابند و از پشت ماشین را تا حیاطِ مدرسه هل می‌دهند. بین مثلِ همیشه فرصت را غنیمت شمرده و یواشکی در می‌رود و سربازها را پشتِ ماشین قال می‌گذارد. میستر بین ماشین خودش را در جای خالی جفتِ دوقلو پارک می‌کند و روزِ پرماجرا آغاز می‌شود. با رژه‌ی سربازها: "قُد قُد... آه... آها...." و میستر بین واردِ مدرسه می‌شود:

Open Day

مادر نوشته را می‌خواند و به روزِ پرماجرای خود فکر می‌کند: یک روزِ آزاد؟ یک روزِ رها؟ آزاد و رها از قیدها و بندها. با نوکِ زبان لب‌ها را می‌لیسد. احساس می‌کند از بند رها شده‌است. با صدای بلند از تهِ دل می‌خندد. کودک به خنده پاسخ می‌دهد: "مامان تازه اوّلشه، کجاشو دیدی؟"

مادر باید صبر داشته‌باشد. مادر همیشه باید صبر داشته‌باشد. و مادر حالا باید صبر کند وُ ببیند این میستر بینِ بلا، برای مردم‌آزاری، چه شگردها که به کار نمیبرد. و این میستر بین از آن میستر بین‌ها نیست که کثافتکاری کند و از عن‌دماغ شیرین‌کاری و کُمِدی و خنده بسازد. و کودک به مادرش اطمینان می‌دهد که این *میسترلُب‌یا* محشر است و غوغا می‌کند، فقط اگر مادر کمی صبر داشته باشد.

به اتاقِ تمبرها می‌رسد. پیرمردی دارد آلبوم تمبرها را ورق می‌زند. حال *میسترلُب‌یا* باید زهرش را بریزد. اگر زهرش را نریزد، زندگی و روزش از مایه می‌افتد. بی‌مایه هم فطیر است، چه زندگی. چه نان. پس شروع می‌کند به خمیازه کشیدن تا خوابش ببرد. کجا؟ خوب معلوم است؛ روی آلبوم‌های تمبرپستی. چقدر بخوابد؟ خوب باز هم معلوم است، آن‌قدر که یک تمبرپستی از آلبوم جدا شود و روی پیشانی‌اش بچسبد. اما چون او گاوِ پیشانی سفید نیست وُ هرگز هم نبوده، تمبر از پیشانی پرواز می‌کند و زیرِ میز به زمین می‌نشیند، تا او با خیالِ آسوده به راهِ خودش برود و تمبر وُ پیرمرد را با آلبوم‌هایش رها کند.

حال چشمش به گوی جادو افتاده‌است. زنی دو دستش را روی گوی جادو گرفته. برق گوی جادو از دست‌های زن عبور می‌کند و به موهایش می‌رسد. موهای سرِ زن سیخ می‌شود. شیرین صدای خنده‌ی پیرمرد را می‌شنود نگاهش می‌کند. "چقده شکلِ همَن! نیگا کن، چشمای پیرمرد شکلِ میستربین گرد شده... لباشو نیگا کن؛ از همیشه آویزون‌تره، دُرُست مثلِ لبای بین".

زن می‌رود. مردی می‌آید و از میستر بین می‌خواهد تا گوی جادو را آزمایش کند. مرد اطاعت می‌کند و دستان را می‌گذارد بر روی

گوی جادو. اما هیچ اتفّاقی نمی‌افتد. میستر بین گوی جادو را رها می‌کند، اما نه برقِ گلوله را. برق در تنش نفوذ می‌کند. مثلِ برقی که از گرمای تنِ شیرین می‌گذرد و به دست‌های چارلز رسوخ می‌کند. مثلِ عرقِ دست‌های پیرمرد که در دست‌های شیرین می‌چکد و توی خاکِ دست‌های شیرین رسوب می‌کند. به هم نگاه می‌کنند. دخترک به دنبالِ چشم‌های پدر می‌گردد. اما نمی‌یابد. نگاهِ پیرمرد گویاست. پدرانه نیست. یک تکه کاغذ به دست‌های میستربین می-چسبد و رهایش نمی‌کند، مثلِ دستِ پیرمرد در دستِ دخترک. دست را تکان می‌دهد، دردست‌های چارلز قفل شده‌است. به دست‌های مرد نگاه می‌کند؛ "رنگِ دستای بابامه؛ بعد از مرگ. تو سردخونه." شیرین صحنه‌ای را از دست می‌دهد؛ میستر بین می‌خواهد کاغذ را به پشتِ پیراهنِ بلندِ زنی بچسباند. زن برمی‌گردد و کاغذ به صورتِ زن می‌چسبد. برق گوی جادو پیراهنِ زن را تا صورتش بالا می‌زند. شورت زن سفید است. شیرین ناگهان از خودش می‌پرسد: "راستی، شورتم چه رنگیه؟ سفید؟" چارلز قهقهه سر می‌دهد.

“Oh... pure Mr Bean. He shames.”

شیرین لبخند می‌زند و به خود نگاه می‌کند. شلوار به پا دارد. به پاها نگاه می‌کند. زانو به زانوی چارلز نشسته. خود را کمی عقب می‌کشد. چارلز خود را کمی به جلو می‌کشد. حال دوباره چند صحنه را از دست داده‌است. میستر بین واردِ کلاس نقاشی می‌شود. مربّی فرانسوی زبان خوش‌آمد می‌گوید و یک جای خالی نشانش می‌دهد. حال بایدت تصویرِ زن لخت را بکشد. روبه روی او ایستاده. کنارِ سه پایه‌ی نقاشی. شیرین به خود نگاه می‌کند. کاملاً پوشیده‌است.

دکمه‌های بلوزش را تا آخر بسته؛ "چته زن؟ چرا این‌جوری شدی؟ این‌که جای پدرته... ولی چرا این‌طوری نیگام میکنه این بابا شُتری؟ زِنای با محارم؟ نه، زِنا کارِ خوبی نیست بابا شُتری." دیگر نمی‌داند چند صحنه‌ی را از دست داده‌است. میستر بین را می‌بیند سرحال و خوشحال از مدرسه می‌آید بیرون. یک شیرینی می‌خرد و می‌خورد. جمعیت هورا می‌کشد و کف می‌زند. تانکی می‌آید و از روی ماشینِ پارک‌شده وسطِ حیاتِ مدرسه می‌گذرد. ماشین یک کپه آهن قراضه می‌شود. "اوه طفلکی، نیگاش کن، شیرینی زهرِ مارش شد." چارلز سرش را روی شانه‌ی شیرین می‌گذارد. "جفتِ ماشینِ بین نبود. خودِ ماشینِ میستر بین بود." و این یک تراژدی‌ست و او تحمّلِ غم و اندوهِ میستر بین را ندارد. نه اصلاً فیلم بدی بود. پایانِ غم‌انگیزی داشت. پایانِ غم‌انگیز با فیلمِ کُمدی جور در نمی‌آید. قطره اشکی از چشمش سرازیر می‌شود و می‌نشیند روی گونه‌ی سمتِ چپ. شیرین معذرت می‌خواهد. در دل می‌گوید: "تقصیرِ من بود. چارلز امشب اصلاً حال وُ هوای میستربین نگاه کردن نداشت، من بودم که مجبورش کردم یه تراژدی ببینه، اونم یه هم‌چین شبی‌که طفلکی اینقده شاد وُ شنگوله." و نگرانِ حالِ پیرمردِ غمگین می‌شود. دلش نمی‌خواهد خوابِ پیرمرد با دیدن روح زنِ جادوگرش در گوشه وُ کنارِ اتاقکِ پشت پیشخوان برهم بخورد. اما انگار نه انگار که چارلز نگرانِ خواب و کابوس‌های شبانه است. لبخند می‌زند و سرش را از روی شانه‌ی شیرین برمی‌دارد تا در آن چشمانِ میشی نگاه کند و بگوید که بیش از یک هفته است زنی به خوابش نیامده، مگر شیرین. بعد دستش را بگیرد ببرد به اتاقک پشتِ پیشخوان. چارلزِ پیر مثل سنگ ساکت است. گذاشته‌است نگاهش هر چه می‌خواهد بگوید: "از امشب این‌جا می‌خوابی. تو بغلم." و شیرین امشب یک برّه رام است. "بله باباجون. حرف حرفِ شماست."

صبح روزِ بعد با هم از خواب بیدار می‌شوند. شیرین به پیرمرد نیمه‌برهنه نگاه می‌کند. شورت به پا دارد. شکلِ شورت‌های پدربزرگش؛ ساقدار و ابریشمی؛ ابریشمِ گلدار. به چهره‌ی مرد نگاه می‌کند؛ ده سال جوان‌تر شده‌است. به خودش نگاه می‌کند. لباس به تن دارد؛ بلوز سفید؛ با دکمه‌های بسته. شلوارِ سیاه با زیپِ بالا کشیده. از خود می‌پرسد: "چند سالمه؟ چهار یا پنج؟ کاشکی این‌جا یه آینه بود، صورتم رو می‌دیدم. "شیرین نفسی به راحتی می‌کشد و پیشانیِ پیرمرد را می‌بوسد.

“Good morning Dad.”

“Good morning my dear dotter.”

“How do you do my dad?”

“Good my dear dotter. Good.”

پدر پیشانیِ دخترش را غرق در بوسه می‌کند. با هم از رختخواب بیرون می‌آیند. پیرمرد به حمام می‌رود و دوش می‌گیرد و شیرین به اتاقِ خودش می‌رود تا دوش بگیرد. نیم‌ساعت بعد در سالنِ غذاخوری نشسته‌اند؛ شیرین بلوزِ آبیِ آسمانی به تن دارد. به رنگِ چشم‌های چارلز. پدر پیراهنی به رنگِ چشم‌های شیرین بر تن دارد؛ زردِ میشی. امروز چارلز شلوارِ مخمل کبریتی نپوشیده‌است. شلوارش از جنسِ شلوار شیرین است؛ کتانی، ساده و سیاه. روبه‌روی هم نشسته‌اند و صبحانه‌ی انگلیسیِ دستِ پختِ پدر را می‌خورند. با لبخندی نرم بر لبان.

شیرین سه روز پشتِ سرهم صبح‌ها به مغازه می‌رود و پا به پای محمّد و کارگرها کارمی‌کند. شب‌ها کنار پدرِ چارلز در سالنِ غذاخوری می‌نشینند. با هم شام می‌خورند و از هر دری سخن می‌گویند. از پدرش می‌گوید: "شترِ بی‌کوهان، لامای مهربان. قاسمِ قاسمی. از جدایی و از فرهاد می‌گوید. و از نیاز و نازنین که از ماجرای جداییِ پدر و مادر بی‌خبرند. و از زندگی در سوئد، از خانمِ شیشه. از چشم‌های بی‌روحِ شیشه‌ای. از پوستِ پیازی. از چهره‌ی سنگیِ شیشه‌ای. مجسمه‌ی ناطقِ پشتِ گیشه. از صدای زیر و نازکی‌که مثلِ شیشه گوش را می‌برید. و جز قانون پژواکی نداشت. و از شب زنده‌داری با مینو. از فاطمه. زنی‌که عاشقِ دنیا بود، ولی جز خیانت از دنیا چیزی به چشم ندید. از پریسا و عقده‌های مرگبار. از آخرین روزهای جهنمی در سوئد. از تماسِ تلفنی با دخترهایش، از دروغ‌هایش؛ سفری به ساحلی آفتابی، از قطع کردنِ تلفن قبل از سفر، از فروختن اسباب و اثاثیه و ترک کردنِ خانه‌ی خالیِ گِرویی، از بی‌خبر ترک کردنِ دوستان وُ آشنایان، و این‌که امروز چقدر به خاطرِ این همه و این تصمیم بزرگ خوشحال است و اسمِ این روز عزیز را باید بگذارد: Open Day.

شیرین نه از سرطان حرفی به زبان می‌آورد، نه از محمد و آرزوهایش.

سه شبِ متوالی چارلز کنارِ شیرین می‌نشیند و به حرف‌های تکراری گوش می‌دهد و خوشبخت است. سه شبِ پیاپی به هم گفته‌اند؛ از یافتنِ هم خوشبختند. سه شبِ پیاپی شیرین پس از صرفِ شام، به پیشخوان می‌رود و شماره دخترها را می‌گیرد و با نگاهِ بی‌رنگ و مات به سوی چارلز برمی‌گردد، تا پیشانی پدر را ببوسد و در آغوشش به آرامش نسبی برسد. بگوید نگران است. و پدر دست‌های دختر را به دهان ببرد و ببوسد و بگوید؛ بد به دلت نیار. پیدایشان می‌شود.

چارلز دیگر حوصله‌ی مسخره بازی‌های میستربین را ندارد. تنها گاهی تلویزیون را روشن می‌کند تا به اخبار گوش دهد، اما پدرِ خوشبخت حوصله‌ی شنیدنِ خبرهای بد را ندارد. پس بلافاصله تلویزیون را خاموش می‌کند تا به حرف‌های دخترش گوش بدهد؛ مثلِ امشب که می‌گوید: "این تلویزیون رو بفروشم بهتره، اقلاً با پولش میشه یه دردی رو دوا کرد، آخه اینم شد خبر؟ انرژی اتمی... و ایران... باز افغانستان... دوباره عراق... همه‌جا آمریکا. و حالا هزارباره غزه... هزارباره فلسطین... و این بوش و خربازی‌هایش؛ هر شب اخبارای قدیمی و تکراری؛ جنگ و فلاکت و بدبختی." بعد صدای تلویزیون را خفه می‌کند و می‌گوید: "ساعتِ مرگش رسیده." دختر به فارسی می‌گوید: "بله بوش میاد"و می‌خندد. پدر نگاهش می‌کند و چیزی نمی‌پرسد. پدر می‌داند دخترش حرفی به زبانِ مادری زده که قابلِ ترجمه نیست. پدر پیشگوی خوبی‌ست: چهل و چهارمین رئیس جمهورِ آمریکا یک مردِ سیاه پوست است، مردی‌که به امریکا و جهان نورِ امید خواهد پاشید... مردی به شمایلِ آبراهام لینکن.

آبراهام لینکنِ سیاه. با صدای مارتین لوتر خواهد گفت: رؤیایی داشتم.

شیرین لبخند می‌زند: "چه رؤیایی؟" پدر از رؤیای مردی می‌گوید که می‌آید تا به آمریکا و جهان نورِ امید بپاشد؛ با رنگِ تیره‌ی پوست. دختر دوست ندارد دلِ پدر را بشکند، اما حرفی تهِ دلش را قلقلک می‌دهد؛ "عجب خوش باوری بابا لاما... مگه رنگِ پوست چیزی رو عوض میکنه؟" پس به فارسی می‌گوید: "جوجه‌ها رو آخر پاییز می‌شمُرن." اما ترجمه نمی‌کند. از نگاهِ پدر می‌خواند که تا همان‌جا هم کمی تند رفته‌است.

سه روز و سه شب از Open Day گذشته‌است و هنوز از نیاز و نازنین خبری نیست. اما عصرِ روزِ سوّم، انگارعصرِ دیگری‌ست. شیرین پیش از رفتن به اتاقِ پدر با خود می‌گوید: "مطمئنم چیزی شده... به دلم اومده... فردا از ممد کمک میگیرم..."

مثلِ هر شب واردِ اتاق پدر می‌شود. در پناهِ آغوشِ گرمِ شترِ لامایش خواب‌های خوش می‌بیند، با زمزمه‌های گرمِ پدرانه در گوش؛ "دخترم، روی این سینه بخواب، که آغوش پدر، خانه‌ی فراموشی‌هاست."

این روزها تماسِ شیرین و محمّد از نگاه فراتر نمی‌رود. کارگرها هر روز از ساعت ده و ده دقیقه صبح مشغولِ به کار می‌شوند. می‌دانند که به زودی وضع تغییر خواهد کرد. از کنار هم می‌گذرند، زمزمه‌ی نرم و مخملینِ مرد جوان گوش‌های زن را می‌نوازد؛ "به زودی دُرُس میشه... یه خونه‌ی دُرُست حسابی کرایه می‌کنم... اوضاعِ خونه که رو به راه شد، پسرم رو از پیش مادر زنِ سابقم میارم و تو میای خونه‌ی خودت، پسرم رو بزرگ کنی..." زن پاسخِ زمزمه‌ها را با لبخندی می‌دهد، اما در دل می‌گوید: "پس دخترام؟ دخترام چی شد؟ پس پدرم؟ بابا لامایی چارلز؟"

طبق معمولِ هرروزه، ده صبح به مغازه می‌آید. این‌روزها دیگر محمّد پشتِ در بسته در انتظارش نیست. مغازه باز است و مرد جوان دارد با کارگرش تقی چای می‌نوشد. کُردِ عراق است و فارسی را با لهجه‌ی شیرینی حرف می‌زند. شیرین سلام می‌دهد. محمّد با دست بوسه‌ای می‌فرستد و با نگاه پاسخ می‌دهد. شیرین نگران و بی‌قرار کنارِ قفسه‌ای می‌ایستد و خودش را با برچسبِ شیشه‌ی خیارشورِ یک وُیک مشغول می‌کند. لحظه‌ای در همان حالت می‌ماند. محمّد از کنارش می‌گذرد و آهسته می‌گوید: "کُند پیش میره؟" شیشه از دستِ شیرین به زمین می‌افتد و هزار تکه می‌شود.

"چیزی شده؟"

"نگرانم."

"نگرانِ چی؟ گفتم که دُرُس میشه، دیر وُ زود داره، سوخت و ساز نداره..."

"نه ... مسئله این نیست."

"پس چیه؟"

"ممد جون."

"جونِ ممد."

"چقده دوستم داری؟"

"قدِ تخمِ چشام."

"پس اگه هر کاری بگم می‌کنی؟"

"رُو چشام."

"میتونی منو با ماشینِت تا این آدرس ببری؟"

"حالا؟ تُو این وضع؟"

"آره. همین حالا."

"آخه با این همه کار؟"

"پس..."

"اوکی، پس صبر کن تا کارگرا بیان."

"باشه."

"حالا خیلی واجبه."

"آره. من خیلی نگرانم."

"نگرانی چی؟"

"خب معلومه. دخترام."

محمّد مغازه را به دست تقی می‌سپارد و از او می‌خواهد تا برگشتن‌اش مشتری به مغازه راه ندهد. بعد دست در دست شیرین از مغازه می‌رود.

سه هفته از ورودِ شیرین به لندن می‌گذرد. این اوّلین دیدار است با مرکز لندن بزرگ و دود آلود. در مِهی‌که به زودی به باران تبدیل می‌شود، به طرفِ مرکزِ شهر به‌پیش می‌رانند. ساکت است. به دود و مِه فکر نمی‌کند. به سه هفته زندگی در لندن فکر می‌کند. با خود می‌گوید: "این سه هفته چطوری رفت؟ چرا تا حالا به فکر نیفتاده بودم..." محمّد سکوت را می‌شکند: "روزایی هس که پیرزنا و پیرمردا، و آدمایی‌که آسم دارن، بدونِ ماسک نمیتونن بیان بیرون، صد رحمت به تهرونِ خودمون. ببینم شماره خونه چند بود؟"

"۲۰."

پس از ساعتی به خیابانِ *آوستون رود*♣می‌رسند. محمّد دوری می‌زند. جای پارک پیدا نمی‌کند. بی‌حوصله شده‌است. با ترشرویی می‌گوید: "توی این لندنِ لعنتی مگه جای پارک پیدا میشه. همه‌جا پارک‌کردن ممنوعه. من می‌شینم توی ماشین که اگه پلیس اومد گاز بدم برم. بعد دوری می‌زنم برمی‌گردم. تو هم بپر برو، ببین دخترات خونه‌ان." محمّد به ساختمانی اشاره می‌کند. "خونه شماره بیست اون‌جاس."

شیرین با سرعت از ماشین پیاده می‌شود و به طرفِ ساختمان می‌رود. از پلّه‌های تنگ وُ مارپیچِ خانه بالا می‌رود. به طبقه‌ی سوم می‌رسد. زنگ در را فشار می‌دهد. کسی در را باز نمی‌کند. دوباره

♣Euston Road

زنگ در را فشار می‌دهد. انگشتِ اشاره‌ی دستِ راست را روی زنگ در می‌گذارد و چند دقیقه در همان حالت می‌ماند. در باز نمی‌شود. یأس و ترس تار تارِ وجودش را فرامی‌گیرد. به سرعت از پلّه‌ها پایین می‌رود. محمّد ماشین را روشن کرده‌است. شیرین نفس‌زنان به طرف ماشین می‌رود.

"چی شد؟"

"کاغذ... یه تیکه کاغذ داری؟ تو کوله‌پشتی‌ام خودکار دارم... ولی..."

محمّد کاغذ پیدا نمی‌کند، یک قبض از داشپورت در می‌آورد و به شیرین می‌دهد. قبضِ جریمه است. شیرین با عجله پشتِ قبض یاداشتی می‌نویسد و از آمدنش به لندن خبر می‌دهد. شماره‌ی تلفنِ هتل را با خطِّ درشت می‌نویسد. قبض را می‌چرخاند و در حاشیه با خطِ ریز و ناخوانا می‌نویسد: "از ساعتِ ده شب به بعد هتلم. قربونتون بره مادر... یادتون نره که نگرانِ حالتونم. مادرتون شیرین." باشتاب راهِ رفته را باز می‌گردند.

حال دیگر خودش نیست. بغض راهِ گلویش را گرفته. نه باران را می‌بیند، نه قشرِ سنگینِ هوا را. و نه حتی محمّد را. در گذشته‌ها سیر می‌کند. در دروغ‌هایش. در دروغ‌های تازه‌اش. فکرهای بد رهایش نمی‌کنند: "به سرِ دخترام چی اومده؟ با خودم، با زندگیم چه کردم؟ با آرامشم چه کردم؟ نابود کردم. همه چی رو نابود کردم. این مرد کیه؟ توی این ماشین چی می‌کنم؟ خدایا دارم چِکار می‌کنم؟"

محمّد در سکوت می‌راند. ناگهان سکوت را می‌شکند: "بارون که بیاد دود کم میشه. امّا امروز هوا همون‌قدر سنگینه که وقتی بارونی

نیست. شیرین جون تو هم که داری مثلِ این آسمون اشک می‌ریزی؟ چی شده کشتیات غرق شده؟ ولی خُب بریز، عیبی نداره، از قدیم گفتن گریه دلو صفا میده."صدای گریه دوچندان می‌شود. هق‌هقِ گریه راهِ بر نفس می‌بندد. محمّد دستِ آزاد را روی سینه‌ی شیرین می‌گذارد: "قربونِ کبوتر بی قرارِ دلت برم. بس نیست؟" پستانِ چپِ شیرین را در مشت می‌گیرد و آرام فشار می‌دهد. شیرین دستِ را پس می‌زند.

"با من چرا قهری؟"

شیرین سر را به سمتِ پنجره‌ی ماشین برمی‌گرداند و همان‌طور که گریه می‌کند به نقطه‌ای دور خیره می‌ماند. در سکوت به مغازه می‌رسند. محمّد ماشین را مقابلِ گاراژِ مغازه پارک می‌کند و از ماشین پیاده می‌شود. اما شیرین سرجایش باقی می‌ماند، با صدای خفه می‌گوید حال کارکردن ندارد و می‌خواهد به هتل برود: "میشه منو برسونی هتل؟" محمّد بدون چون و چرا دوباره سوار ماشین می‌شود. ماشین را روشن می‌کند و به سمتِ هتل می‌راند. دو دقیقه بعد به هتل می‌رسند. شیرین از ماشین پیاده می‌شود و بدونِ خداحافظی به طرفِ هتل می‌رود. محمّد همان‌طورکه پشت فرمان نشسته‌است، پنجره‌ی ماشین را پایین می‌کشد و می‌گوید: "خانمی، اقلاً یه بوس، یه خداحافظی... یه چیزی... همین‌طوری میری؟ فردا که میای سرِ کار...؟" شیرین دستگیره‌ی در هتل را می‌گیرد و چند لحظه‌ای بی‌حرکت می‌ایستد. آن‌گاه بدون این‌که سر را برگرداند با صدای بلند می‌گوید: "نه. تا دخترام رو پیدا نکنم، هیچ‌جا نمیرم... هیچ‌جا. ازت خواهش می‌کنم این‌طرفا پیدات نشه... تا... خودم..."

شیرین جمله‌اش را ناتمام می‌گذارد، درِ هتل را باز می‌کند و وارد می‌شود. میانِ درِ ورودی و پیشخوان یک مردِ جوانِ سیاه‌پوست

ایستاده وپاسپورتش را به طرفِ پیرمرد دراز کرده‌است. شیرین سلام می‌دهد. پدر سرش را از پشتِ آن قامتِ سیاهِ بلند و قوی کج می‌کند تا به دخترش بگوید: به این زودی برگشتی؟ امروز کار نبود؟ اما نمی‌گوید. صورتِ رنگ‌پریده و چشم‌ها و گونه‌های خیسِ دختر را می‌بیند که در راهرو از جلوی چشم‌های جستجوگرش دور می‌شود.

به اتاق می‌رود. در را به روی خود قفل می‌کند و با یک چرخشِ عصبی خود را بر روی تخت می‌اندازد تا به هق‌هقِ قطع‌شده ادامه دهد. لحظه‌ای نمی‌گذرد که پدرِ نگران درمی‌زند. شیرین با صدای آمیخته با هق هقِ گریه می‌گوید می‌خواهد تنها باشد. پدر، صدای دختر را می‌شنود. با همان گوش‌های سنگین صدای دختر نالان را می‌شنود که از او می‌خواهد برود و تنهایش بگذارد. اما پدر نمی‌رود. پشتِ در می‌ماند تا با سکوتِ خود التماس کند؛ "دخترم به آغوشِ پدرت برگرد."

شیرین دو روز خود را در اتاق زندانی می‌کند. روزِ سوّم ساعتِ هشتِ صبح بیدار می‌شود، از تخت بلند می‌شود وُ یک‌راست می‌رود به طرفِ پیشخوان. گوشی تلفن را برمی‌دارد. شماره را می‌گیرد (بوقِ آزاد). می‌لرزد. به اتاق برمی‌گردد. روی تخت می‌افتد تا ساعتِ ده شب دوباره از اتاق خارج شود. به طرفِ پیشخوان برود، گوشیِ تلفن را بردارد، شماره را بگیرد (بوقِ آزاد) بیش از پیش بلرزد و به اتاق برگردد.

کلید به در می‌اندازد. ناگهان چشمش به پیرمردی می‌افتد. چمباتمه‌زده پشتِ درِ اتاق بر روی موکتِ سبزرنگ گلدار. پدر را نمی‌شناسد. می‌گوید: "ببخشید سِر، شما این‌روزا دو دختر جوان بیست و شش ساله رو این‌طرف ندیدین؟" پدر، با تکان سر می‌گوید؛ نه! شیرین لحظه‌ای پشتِ درِ اتاق ساکت وُ بی‌حرکت می‌ایستد و به

پیرمرد نگاه می‌کند. چهره‌ی غمگین پدر را به خاطر می‌آورد. در را باز می‌کند. واردِ اتاق می‌شود. در را به روی خود قفل می‌کند و از پشتِ درِ بسته می‌گوید: "**سِر**، بهتره شما به سالنِ غذاخوری برین و میستر بین نیگا کنین، تا شب زِنتون نیاد سراغتون و از مورچه‌های توی سرتون فیل بسازه. یادتون باشه که به این فیلمِ آخری، تراژدیِ میستر بین که اشکای شما رو دراوُرد نیگا نکنین. در ضمن اصلاً لازم نیست نگران حالِ من باشین. حالم خوبه و منتظرِ دخترامم." پدرِ نگران با صدایی لرزان می‌گوید: "دخترم حداقل چند دقیقه از این قفس بیرون بیا، هوایی بخور، نفسی بکش، به جای این‌که نگرانِ مورچه‌های توی سرِ پدرت باشی... دخترا پیداشون میشه... اگه یه امشب صبر کنی. به دلم برات شده... امشب نوه‌هامو می‌بینم." شیرین لای در را باز می کند. پدر وُ دختر نگاهی گرم با هم رد و بدل می‌کنند. امّا دختر دوباره به قفس برمی‌گردد. در را بر روی خود قفل می‌کند. بر روی تخت دراز می‌کشد. عکسِ دخترهایش را از کیفِ پول درمی‌آورد و خیره به عکس می‌ماند. پس از چند دقیقه شروع می‌کند به حرف زدن. صدایش بغض آلود و گرفته‌است.

"کدوم نیازه، کدم نازنینه؟"

"خُب معلومه این نیازه، اینم نازنین."

"از کجا معلومه؟"

"از کجا نداره، خب معلومه."

"چطوری بفهمم کدوم نیازه، کدوم نازنین؟"

"من مادرم. اگه من ندونم که..."

"که چی؟"

"که مادر نیستم. هستم؟ آی دخترام... شماها کجایین؟"

شیرین یک‌بند گریه می‌کند.

نیمه‌های شب پیرمرد با صدای گریه از خواب می‌پرد. کابوس دیده‌است، دختری‌که انگار دخترِ اوست داشت مورچه‌های توی سرش را یکی یکی درمی‌آورد و به رنگِ بلوزهایش رنگ می‌کرد. سبز، آبی، سفید. به دختر گفت: "خوبه که فقط رنگشون می‌کنی وُ فیلِشون نمی‌کنی." دخترگفت: "صبر کن پیرمرد... این همه عجله چرا، فیلای جوون مورچه‌های رنگی دوست دارن، نه سیاه و سفید."

صورتِ پیرمرد مثلِ گچ سفید شده‌است و دارد می‌لرزد. نمی‌داند چرا آن‌جاست؛ پشتِ درِ اتاقِ مشتری هتل، چرا روی زمین؟ امّا دختر می‌داند کیست و کابوس‌هایش از کجا آمده‌اند.

"کابوسای تو از سیّاره‌ی دیگری اومده. در لباسِ زنت... یا نکنه من همون زن باشم؟ فقط سی و پنج سال جوون‌تر. زن را صدا می‌زند: حوّا. پس چرا به زبانِ فارسی؟"

نه این صدای او نیست، صدای دخترک است درگوش پدر.

"اسمِ زنت چی بود؟"

"Eva"

"میدونی ما ایرونیا به اِوا چی میگیم؟"

"نه."

"حوّا."

ساعتِ هشتِ صبح، بعد از سه روز شیرین در اتاق را باز می‌کند تا از اتاق خارج شود و به طرفِ پیشخوان برود و گوشی تلفن را بردارد و به نیاز و نازنین زنگ بزند. پدر هنوز پشت در است، چمباتمه به انتظار، با سه مورچه‌ی رنگی توی کفِ دست‌ها: "دخترم، ببین چی واسه‌ات اُوردم." پدر بلوزهای شُسته و اتوکشیده‌ی دختر را بالا می‌گیرد. با صدای اندوهگینی می‌گوید: "دخترم سه هفته‌اس لباسات رو نشُستی. بو گرفته بودن... مثلِ شلوارمخملیای من بو گرفتَن..." دختر آهسته می‌نشیند وُ خود را در آغوش پدر رها می‌کند. پدر دست‌ها را بالا گرفته تا بلوزهای شُسته و اتوکشیده‌ی تنها دخترش بر روی موکتِ سبزِ کثیف نیفتند. از تاریخِ گشایشِ هتل موکت‌ها عوض نشده‌اند. دختر التماس می‌کند.

"پدرِ خوبم، دستاتو دورِ کمرم حلقه کن."

"پس با این بلوزهای شُسته و اتوکشیده‌ی تنها دخترم چه کنم؟"

"حالا بلوزا از من مهمتر شدن، پدر؟"

پدرِ شرمنده، دست‌ها را پایین می‌آورد تا دورِ کمرِ تنها دخترش. سه مورچه‌ی سبز و آبی و سفید روی تنِ دختر می‌افتند و به قطره‌ی بلورین اشک مبّدل می‌شوند.

"I Love you, so much, dad."

دست در دست به پیشخوان می‌روند. شیرین با دستِ آزادش گوشی تلفن را برمی‌دارد، آن‌را میانِ شانه و گوش قرار می‌دهد و شماره‌ی دخترها را می‌گیرد؛ ناگهان صدای مردِ جوانی را می‌شنود.

" Hello"

"یک مردِ جوان؟"

شیرین دستپاچه می‌شود و به فارسی می‌گوید: "آقا سلام. من مادرِ دخترام هستم... یعنی... منظورم اینه که مادرِ نازنین وُ نیازم. میتونم با یکیشون حرف بزنم؟"

"فارسی بلد نیست. انگلیسی بلد. سوئدی بلد."

"اوه. یس. من خود سوئدی بود... تو... خود... فارسی بلد... "

”Kan jag få prata med Niyaz eller Nazanin?”

”De är inte hemma. Men vi såg lappen. Vi kommer till dig.”

”När? Nu?”

”Om ett par timmar.”♣

شیرین سراز پا نمی‌شناسد. پدر را بغل می‌کند و زیرِ باران بوسه می‌گیرد. کم‌کم پدر وُ دختر کابوس‌های سه شبِ گذشته را فراموش می‌کنند. حال باید دوش بگیرند. لباس عوض کنند. سالنِ غذاخوری را مرتّب کنند. ظرف‌های نشُسته‌ی این سه شبانه روز را بشویند. غذایی آماده کنند. وقت تنگ است. امّا دختر نباید نگران غذا باشد، زیرا که قبل از رسیدنِ دخترها، پدر به آشپزخانه خواهد رفت و غذا را آماده خواهد کرد. و وقتی دخترها می‌رسند، پدر میز را خواهد چید تا دختر با خیالِ راحت کنارِ دخترهایش بنشیند و به زبان فارسی حرف بزند و نگرانِ ترجمه‌ی حرف‌ها نباشد. ناگهان انگار شیرین به خودش آمده باشد از خود می‌پرسد: "این مرد کی بود؟ تو خونه‌ی نیاز و نازنین چه می‌کرد؟ چرا نپرسیدم؟ خدایا چرا دلم

♣می‌توانم با نیاز حرف بزنم؟/ خونه نیستند. امّا ما یادداشت را دیدیم. ما می‌آییم پیشِ شما./کی. حالا؟/ تا یک ساعتِ دیگر.

این‌جوری شور میزنه؟ من‌که این‌همه انتظارِ این لحظه رو کشیدم... حالا... حالا چرا یِه‌هویی این‌جوری شدم؟ چرا حالا مثلِ مرغ سرکنده، داره جونم بالا میاد... مادر... مادر؟ پس چرا این مادر... آی خدا دارم می‌میرم. پدر... دندونام... سرم... کمرم... معده‌م... روده‌هام... دستام... پاها... کفِ پاهام.... از دردِ انتظار. دردی از دردِ انتظار بدترنیس. پدر. آی دخترای خوشگلم ... دخترای نازم... کجایین؟ چرا نمیان؟"

ساعتِ دوازده است. درِ هتل باز می‌شود. نازنینِ لاغر و رنگ‌پریده وارد می‌شود. توبیاس دستش را گرفته و به جلو می‌کشاند. شیرین به محض دیدنِ نازنین جیغ می‌کشد "دخترم؟ این نازنینِ منه؟ خدایا دخترم چه به سرت اومده؟ دختر خوشگلم... دختر نازم... چه بلایی به سرت اومده؟ چرا اینقده زرد و لاغر شدی؟ نازنینِ دخترم."

شیرین جلو می‌رود و نازنین را در آغوش می‌گیرد. نازنین خود را پس می‌کشد و به توبیاس تکیه می‌دهد. "نازنین دخترم، پس خواهرت، نیاز کجاست؟ نیازم کجاست؟"

شیرین بی‌تاب می‌شود، همان‌جا روی زمین می‌نشیند. پاها دیگر تابِ تن را ندارند. ناگهان سنگین شده‌اند. کفِ پاهایش می‌سوزد. نازنینِ هم بر روی زمین می‌نشیند. توبیاس هم می‌نشیند. حالا سه کودکِ کنارِ هم بر روی زمین می‌نشینند. در انتظارِ پدر و مادر. به هم نگاه می‌کند و ناگهان یک‌صدا می‌گویند:

“Dad… please give me a little water!”

پیرمرد می‌آید. با یک پارچ آب و سه لیوان.

"کاشکی پستونکم رو می‌آوردی پدر! "

دو زن کنار هم دراز به دراز می‌خوابند. یکی جوان و بی‌صدا. دیگری میانسال و پُر از ناله. دو مردِ ساکت، بالای سرِ زن‌ها ایستاده و به هم نگاه می‌کنند. یکی جوان و رنگ‌پریده، دیگری پیر و مضطرب. زمانی می‌گذرد. بر کفِ موکت‌شده‌ی سالنِ انتظار مقابلِ پیشخوان آرام آرام جنبشی پا می‌گیرد. دو مرد بدون رد وُ بدل کردن کلمه‌ای به طرفِ زن‌ها خم می‌شوند. مردِ جوان زنِ جوان را به آغوش می‌کشد. مردِ پیر زنِ میانسال را. آن‌ها را به اتاقی دو تخته می‌برند و بر روی تختخواب می‌خوابانند. پدر پنجره را باز می‌کند. باد شاخه‌ای از درختِ غوشه‌ی آن سوی پنجره را به درونِ اتاق می‌فرستد. کفِ اتاق از قطراتِ باران خیس می‌شود. پدردستِ پسر را می‌گیرد و از اتاق خارج می‌کند.

هتل از همیشه آرام تر و بی‌صداتر است.

جمعه شب است. نیاز و نازنین به جشنِ تولد دعوت شده‌اند. به رستورانِ *دان مکزیکو وی*♣. تولدِ آرولد، دوستِ پسرِ نیاز است. آرولد قصد دارد نیاز را غافلگیرکند. خیال دارد در شبِ تولّدِ نیاز، در حضور جمع، از او تقاضای ازدواج کند. توبیاس سوئدی دوستِ پسرِ نازنین نیز حضور دارد. همه‌چیز همان‌طور پیش می‌رود که آرولد می‌خواهد: شام وُ شراب وُ آبجو به حدِ وفور. پس از صرف شام نوبتِ رقص می‌رسد. آرولد به روی سِن می‌رود، نیاز را به روی سِن دعوت می‌کند. دستِ نیاز را در دست می‌گیرد. حاضرین را دعوت به سکوت می‌کند. مقابلِ نیاز قرار می‌گیرد. به چشمان عسلی‌رنگِ نیاز نگاه می‌کند و می‌پرسد: "عشقِ من، حاضری منو به همسری قبول کنی؟" صدای نیاز در شور و ولوله‌ی جمعیت و کف‌زدن‌ها محو می‌شود.

"آرولد و نیاز باید برقصن... آرولد و نیاز باید برقصن..."

باله‌ی دریاچه‌ی قو نواخته می‌شود. آرولد و نیاز مثلِ دو قو در آغوشِ هم به پرواز درمی‌آیند. بعد نوبتِ رقصِ دسته‌جمعی می‌رسد. نیاز گیج وُ مبهوت به نظر می‌آید. نازنین دستِ خواهر را می‌کشد و از میان جمعیت می‌برد بیرون.

"نیاز، این چه کاریه؟ تو باید اوّل به مامان بابا خبر بدی. تو که نمیتونی همین‌طوری بگی بله."

"کی؟ من؟ من گفتم بله؟ شماها اصلاً گذاشتین صدای من به جایی برسه، با اون کف زدنا و جیغاتون."

♣Down Mexico Way

"خب اگه بله نگفتی، پس چی گفتی؟"

"گفتم... اوّل... ولی بعد دیگه نرسیدم حرفم رو تموم کنم... شماها نذاشتین."

نازنین خواهر را می‌بوسد می‌گوید: "پس فراموش کن! حالا بیا برقصیم. توبیاس وسطِ پیستِ رقص منتظرمه." مشروب حالِ نیاز را به هم می‌زند. زیادی خورده‌است، حالت تهوع دارد و سرش دارد گیج می‌رود و مثانه‌اش دارد می‌ترکد. به نازنین می‌گوید می‌رود توالت. و می‌رود، همراه با سایه‌ای‌که تمام شب دور از چشمِ همه به دنبالش بوده. سایه به دنبالِ نیاز به توالت می‌رود. از پشت‌سر غافلگیرش می‌کند. چاقوی ضامنداری روی گردنش می‌گذارد و تهدید می‌کند: "تکون بخوری، رفته تو تنت!" سایه درِ را پشتِ سرِ خود و نیاز قفل می‌کند. به نیاز تجاوز می‌کند. نه یک‌بار، بلکه تا می‌تواند. تا سایه جان دارد. آهسته و پی در پی در گوش قربانی‌اش می‌گوید: "یه بار یعنی ترّحم. سوراخ سوراخِت می‌کنم تا شاید دلم خنک بشه... جُم بخوری تیکه بزرگِت گوشتِه. حالا بهِت نشون میدم. میخوای زنِ اون کونی بشی؟ اون کونی که خودم کردمِش؟ نشونِش میدم... پس این کونی حالا میخواد پا تُو کفش من کنه... هان؟ چی از این مردِ کونی کمتر دارم، هان... بگو... بگو، چی کمتر دارم..."

سایه همان‌طور که آمده‌بود می‌رود. بی‌صدا مثلِ سایه.

پس از نیم‌ساعتی نیاز به سالنِ برمی‌گردد، به رنگِ یک سایه، امّا از جنسِ دیگری. سرها به سویش می‌چرخد: "اوه... عروس خانومو ببین عجب مست کرده." در جمعیت خواهر را می‌یابد. به طرفش می‌رود. نازنین دست در دستِ توبیاس کنار میز نشسته و دارد به توبیاس نگاه می‌کند. نیاز بطری آبجوی توبیاس را از روی میز بر می‌دارد، آرام به طرفِ نازنین خم می‌شود و چیزی در گوشش زمزمه

می‌کند. نازنین از توبیاس معذرت می‌خواهد و می‌گوید نیاز به کمی هواخوری احتیاج دارد. توبیاس می‌پرسد به همراه نیاز دارند. نازنین با عجله پاسخ می‌دهد: "نه، نیازی نیست. شماها باید به مهمونا برسین." دست نیاز را می‌گیرد و با هم از رستوران می‌روند به طرفِ رودخانه‌ی تایمز.

"چیکارت کرده این بی‌شرف؟"

"سایه سردشه، چاقو نمیذاره گرمَم بشه. رو گردنَمه."

"عزیزم. بیا دستِت رو بده به من. اون بطری رو بنداز. بسه. بسه دیگه."

"تقصیرِ سایه بود. گفت زیادروی کردی حالا حالِت رو جا میارم. و اُورد."

"خب دیگه بسه عزیزم. این بطری رو بذار زمین. همه چی درُست میشه."

"زمین؟ من که دارم تُو هوا راه میرم."

"سایه تو رو به خدا دست بردار. تقصیر تو که نبود."

"از روی چی؟ تو دستِت رو بردار. خوبم تقصیرِ من بود. اگه زیادروی نمی‌کردم. اگه شاش نداشتم. اگه به توالت نمی‌رفتم... تازه دستم به جایی بند نیست. تُو دستِ توست. چاقوت رو عقب بکش."

"داری هذیون میگی نیاز. الهی فدات شم. بیا برگردیم رستوران. توبیاس و آرولد نگران میشن."

"دارم می‌بینمِت؛ سایه."

"برگردیم رستوران؟"

"کدوم رستوران؟"

"تو رو به خدا نیاز! "

"نیاز؟ نیاز کیه. گفتم که؛ من سایه‌ام. نیگا کن. حالا میرم روی لبه‌ی این پل."

"بیا پایین. چیکار داری می‌کنی؟ مگه خُل شدی نیاز؟"

"خُل؟ تازه سرِ عقل اومدم خواهر جون."

"دیگه نخور."

"می‌خورم، خوبم می‌خورم. اینقده می‌خورم تا دیگه سایه نباشم. تا بشم یه ماهی. فهمیدی سایه؟ حالا نیگا کن، ببین چطوری یه سایه میتونه بشه یه ماهی."

"از خرِ شیطون بیا پایین، نیاز جون. کارِ درستی نمی‌کنی."

"کارِ درست؟ کارِ درست اینه که بشم ماهی، برم توی لونه‌ی آبیم."

"نیاز... خواهش می‌کنم."

"منم خواهش می‌کنم خواهش نکن. بذار کارمو بکنم. تو راهت رو بگیر و برو. مادرتو دیدی سلامم رو بهِش برسون بگو بندِ نافم رو گذاشته بودی واسه‌ی تایمز؟ نبریده؟ حالام نوک چاقوت رو بردار سایه‌ی لعنتی، میخوام برم خونه‌ی خودم. آهای دختر یادت نره به مامانِت بگی، اگه این‌طرفا پیداش شد، غذای ماهی کوچولو یادش نره. این رودِ لعنتی خیلی بی‌برکته... راستی، بیا اینِ هم بطری‌که می‌خواستی بذارم زمین. تموم شده، خالیه. خداحافظ."

نازنین دیگر نه سایه را می‌بیند، نه ماهی را. کفش‌های پاشنه بلند را از پا درمی‌آورد و هی دورِ خودش می‌چرخد و بالا پایین می‌پرد و می‌رقصد؛ طوری‌که انگار پیستِ رقص را آورده باشند روی وِست‌مینستر بریج♣. نازنین زیرِ چراغ‌های روشنِ پل، شکلِ پشه می‌شود، در بازی نور و سایه. صدا در گلو خفه شده‌است. ماشینی می‌رسد. بوق می‌زند. سایه هم‌چنان می‌رقصد. ماشین درچند قدمیِ سایه می‌ایستد: "نازنین! داری چیکار می‌کنی؟ کفشات کو. داره از پاهات خون میاد. رفتی رُو شیشه."

صدای توبیاس است. سایه نمی‌شنود. سایه می‌گوید: "میخ. میخ" توبیاس نمی‌شنود. نازنین رقص‌کنان می‌گوید: "پاهام درد نمی‌کنن، دارم دنبالِ سایه می‌گردم." توبیاس نمی‌شنود. "سایه مست بود. مستِ لایعقل. سر، دندونا، کمر، معده، رودهاش درد می‌کرد. زیاده‌روی کرده بود. تب داشت. رفت اون بالا پرید پایین شد ماهی. تُو آب. بندِ نافم بود. قابله یادش رفت بِبُره. گفت به مادر بگم. سایه." توبیاس نمی‌شنود. توبیاس می‌گوید: "باید بریم دکتر، خون فواره زده. راستی خواهرت کو؟" نازنین ناگهان دراز به دراز می‌خوابد روی زمین. روی پل. و از هوش می‌رود. توبیاس نازنین را بلند می‌کند، روی صندلیِ عقب می‌خواباند و به طرفِ بخشِ اورژانسِ *سانت مری‌ز هاسپیتال*♦ می‌راند. "مستم؟ یا شاید خوابم... دارم خواب می‌بینم؟ پس ماهی کو؟" توبیاس صدای ساکت و خاموشِ نازنین را نمی‌شنود.

♣Westminister Bridge

♦St. Mary, s Hospital

توبیاس توی سالن غذاخوری هتل کنار پیرمردِ ناشناس نشسته و بی وقفه حرف می‌زند. به زبانِ انگلیسی. با لهجه‌ی سوئدی. با لهجه‌ای شیرین. اما انگار لهجه‌ی شیرین به مذاق چارلز خوش نمی-آید. خُلقش تنگ می‌شود وُ پشتِ سرهم می‌گوید:

"What?"

توبیاس ناگهان احساس می‌کند سرش سنگین شده و خسته است. دیگر حرفی برای گفتن ندارد. و این‌همه حرف را از زبان دیگران شنیده. از زبانِ پلیس. از زبانِ پرستار. از زبان دکتر. امّا نه از زبانِ نازنین. نازنین پس از دو هفته بیهوشی در بیمارستان به‌هوش می‌آید و می‌گوید: "مایک قاتلِ خواهرمه. به خواهرم سایه تجاوز کرده. سایه هم نخواست سایه بمونه، شد ماهی." بعد سکوت می‌کند. برای همیشه. دیگر حرفی برای گفتن ندارد نازنین. چیزی به یاد نمی‌آورد، نازنین... نازنین حالا حتی اسمِ خودش را فراموش کرده و شده‌است مثلِ یک سایه. سایه حالا نه خواب دارد، نه خوراک. شده دو تا چشمِ خیره؛ خیره به کجا؟ توبیاس نمی‌داند، می‌گوید: "شاید به آب. وگرنه چرا هی نازنین بگوید ماهی؟"

حال توبیاس خسته می‌شود. حال، دیگر حوصله‌ی حرف ندارد. "پیرمرد، دیگه چی بگم. این حرفا که گفتن نداره. هوای خفه‌ی بیمارستان و پلیسایی‌که می‌اومدن وُ می‌رفتن وُ می‌پرسیدن چی شده، چی نشده، که گفتن نداره. و اون پلیسایی‌که نیومده برمی‌گشتن می‌رفتن چون گشتن فایده نداره. نه نیازی در تایمز پیدا می‌شه و نه ماهی. پیرمرد! می‌فهمی؟ نه حتی یه سایه. ببینم پیرمرد حالا چرا اینقده سؤال می‌کنی؟

دیگه دیرم شده. باید برم پیرمرد. باید برم خونه و چمدونم رو بردارم و برم فرودگاه. به پدر وُ مادرم قول دادم امروز برگردم. مادرم نگرانِ حالمه می‌فهمی، مادرم نگرانه. از روزی‌که ماجرا رو فهمیده قرار نداره. حالا دیگه باید برم، می‌فهمی پیرمرد؟

”Do you understand? Jävla nyfiken gubbe!”*

پیرمرد همه چیز را می‌فهمد. به خاطرِ فضولی و سؤال‌های زیادی عذرخواهی می‌کند و از او می‌خواهد برود با دوست دخترش خداحافظی کند.

پدر و داماد شانه به شانه‌ی هم به طرفِ راهرو می‌روند. راهرو از همیشه تنگ‌تر و تاریک‌تر است و بوی خواب می‌دهد. پدر آهسته درزِ درِ را باز می‌کند و انگشتِ اشاره را می‌گیرد بالای بینی: "هیس! هنوز خوابَن. مثلِ دوتا فرشته؛ فرشته‌ی مادر، فرشته‌ی دختر. نیگا کن. از لای درزِ در نیگا کن. چیزی نگی‌ها... یه وقت بیدارشون کنی، دامادِ عزیزم توبیاس."

پدر و داماد شانه به شانه‌ی هم به طرفِ درِ خروجی می‌روند. پدر قول می‌دهد به نازنین بگوید توبیاس خیلی دوستش دارد. و پدر به دامادِ عزیزش قول می‌دهد به نازنین بگوید سفرِ توبیاس یک سفرِ دو سه روزه است و توبیاسِ نازنین‌اش به زودی برمی‌گردد. و پدر به دامادِ عزیزش قول می‌دهد تا برگشتن‌اش به خوبی از مادر و دختر مواظبت کند. به توبیاس می‌گوید اصلاً

---

*می‌فهمی؟ پیرمردِ کنجکاوِ لعنتی!

نگرانِ حالِ مادر و دختر نباشد. و توبیاس که یک سوئدی مؤدب است، با پیرمرد دست می‌دهد و تشکر می‌کند:

"Tusen thanks. See you!"

"You are welcome. Tobias, Take care. My dotter Nazanin needs you."

ساعت سه بعد از ظهر است. مسعود در می‌زند. آمده‌است کلیدِ دفترکار را ببرد. دیروز دسته‌کلید را در خانه‌ی پدر و مادر مینو فراموش کرده بود. مادرِ مینو در را باز می‌کند. مسعود پیشانیِ مادرزنِ آینده‌اش را می‌بوسد و سلام می‌کند. مادر بوسه‌ی دامادِ آینده‌اش را با بوسه‌ای بر آن دستانِ دُرُشت و پرموی پاسخ می‌دهد.

"ببخشین مادرجان، این‌وقتِ روز مزاحم شدم، فکر کنم کلیدای دفترکارم رو جا گذاشته باشم."

"پسرم، مزاحم چیه؟ خونه‌ی خودته."

"مینو خونه‌س؟"

"آره مسعود خان، بالاس. دیشب تا صبح نشسته و هی نوشته. رفتم بالا گفتم؛ مینو، انگاری امشب خوابت نمیاد؟ گفت؛ چرا، ولی تا چشام میره رو هم، خوابای عجیب وُ غریب می‌بینم. گفتم؛ دخترم مثلاً چه خوابایی؟ گفت؛ سی سال میرم جلو، توی کشورای ندیده، پیش آدمای ندیده و ناشناس و هی پشتِ سرهم اتفاقای عجیب وُ غریب میُفته. چند دفعه بیدار شدم و دوباره به خواب رفتم، همون خواب و همون آدما. با خودم گفتم حالا که این‌طوریه بشینم خوابامو بنویسم. اصلاً از حرفای مینو سردرنیووُردم، بِهِش گفتم آخه مینو جون دخترم، حالا نمیشه خوابات رو فردا بنویسی؟ همون‌طورکه می‌نوشت بِهم جواب داد؛ آخرشه، داره تموم میشه. دختره پرید توی تایمز. بهِش گفتم تایمز چیه مادر؟ این روزا شما جوونا یه حرفایی می‌زنین، ها. گفت: مامان جون، بی‌خیالِ ما جوونا. شما هرگز از حرفای ما سر در نمیارین. چون ما جوونا خودمون هم نمی‌دونیم چی

داریم میگیم. راستی اگه راست میگی؛ خودت چرا نمی‌خوابی مامان؟ حالا برو بگیر بخواب دیگه، مامان‌گلی... بوس بوس. دمِ صبح که رفتم دیدم روباز پشتِ در خوابیده. یه پتو روش انداختم رفتم دنبالِ کارام. مسعود خان، مگه این کارا تمومی دارن... از صبح تا حالا دارم مثلِ فرفره دورِ خودم می‌چرخم، وقت نکردم یه تُکِ پا برم بالا ببینم خواب یا بیداره."

"طوری نیست مادر... الان میرم بالا ببینیم چه خبره. اگه هنوز خوابه که هیچی میذارم بخوابه. بی‌صدا کلیدام رو برمی‌دارم وُ میرم سرِکارم... میدونم کلیدام کجان. امّا اگه بیدار باشه، قول میدم بیارمِش پایین پیش مادرش، تا به جای خواب دیدن و شب زنده‌داری وخواب‌نگاری، وَردستِ مادرزنِ خوبم یه کمی آشپزی یاد بگیره وُ بشه یه زنِ خوب و خانه‌دار مثلِ مادرش."

"مسعود خان! شما هم؟ ما رو بگو که خیال می‌کردیم شما کمونیستا بین مرد و زن فرق نمیذارین. حالا باید مینو قلمش رو بذاره زمین بیاد توی آشپزخونه بغل‌دستِ من، بوی چربی و دود بگیره که چی؟ بشه مثلِ من اسیرِ این خونه؟"

مسعود لبخندی تحویل مادرزنِ آینده می‌دهد و با سرعت از پلّه‌ها بالا می‌رود. مینو تازه از خواب بیدار شده‌است و دارد زیرِ پتو پهلو به پهلو می‌شود و چشم‌ها را می‌مالد.

"سلام خانوم خوشگله خوابی یا بیدار؟"

"بیدار... ساعت چنده؟"

"ساعت سه، خانمی... سه عصر، هان... نه سهِ شب."

"سه؟ پس تو این‌جا چیکار می‌کنی؟ اوه... انگاری خواب بدی دیدم..."

"من؟ اومدم ببینم کدوم آدمِ قصّه‌ات رو کشتی و کدوم یگی رو زنده گذاشتی، مینو خانوم."

"کدوم قصّه؟ داری از چی حرف میزنی؟"

"از دیشبِ تو دیگه... مامانِت گفت تا صبح نشستی وُ نوشتی."

"انگاری یه کابوس دیدم... نمیدونی چه خواب عجیبی بود... سال دوهزار و هشت بود. یعنی..."

"با سالِ شاهنشاهی عقب رفتی یا با سالِ خورشیدی؟"

"نه بابا، سالِ شاهنشاهی چیه؟ سال دوهزار و هشتِ میلادی بود و به سه زبون حرف می‌زدم."

"که این‌طور؛ زبون مرغی، زبون قورباغه‌ای و زبون... راستی نشیندی میگن سال دوهزار آخر دنیاست، با این حساب تو از آخر دنیا هم هشت سال رفتی اون‌طرف‌تر."

"شوخی نکن... شوخی به کنار... مسعود. راس میگم. سوئد بودم. بعدش رفتم انگلیس... یعنی من نه، آدمای توی خوابم. تو هم نبودی... یعنی تو این‌جا توی ایرون موندی. بعدش من شدم زنِ یه سوئدی."

"که این‌طور! دستِ ننه‌ام درد نکنه. دیگه چی؟ هنوزعروس نشده، خواب دامادِ دوّمی روُ هم دیدی؟ اونَم یه سفیدِ بی‌نمکِ فرنگی."

"باورکن، راست میگم. بعدش ...یه دختر ایرونی بود به اسم شیرین... شوهرش خیلی پول‌دار بود... ولی انگاری به سرش زده بود و می‌خواست از شوهرش... وایسا ببینم؟ اسمش چی بود؟... آهان فرهاد... می‌خواست از شوهرش فرهاد طلاق بگیره، اما فرهاد طلاقش

نمی‌داد. طفلکی نمی‌تونست پاس بگیره بره ایران، سری به پدر مریضش بزنه..."

"ببینم، بالاخره تونست پاس بگیره؟ طلاق چی؟"

"نمیدونم. فقط میدونم شیرین هی از یه خانم به اسم شیشه حرف میزد. خانم شیشه، شیرین رو نمی‌فهمید. اونم قیدِ همه چی رو زد رفت... آهان یادم اومد، دو تا دختر دوقلو داشت به اسم نیاز و نازنین... آی سرم... مسعود، سرم. سرم داره می‌ترکه... صحنه‌ها با هم قاطی شدن... سرم داره گیج میره... مسعود؛ من کجام؟ دارم می‌بینمِش خودش رو مچاله کرده؛ مثلِ یه ماهیِ سفیدِ کوچولو... به خدا دارم می‌بینمِش... خودشه نیازه... میخواد بزنه به آب. آی طفلکی... خواهرش... نازنین دیوونه شده. دنبالِ بندِ نافش می‌گرده. روی پل... پلِ... اسمش چی بود؟... نه یادم نمیاد... اما دارم می‌بینمِش؛ کفشاشو دراُورده داره رُو پل می‌رقصه. آخ، پاش رفت رو شیشه... حالا دارم یه ماشین می‌بینم... بوق می‌زنه. روی پل. نزن بوق نزن! بوق زدن روی پل ممنوعه. نمی‌شنفه. می‌ایسته. یه مردِ سفید وُ بورِ قدبلند..."

"زن این مَرده شدی، عروس خانم؟"

"نه بابا... به گمونم دوستِ پسرِ دختره‌اس. آی توی پاش یه میخ رفته... حالا...؟ حالا... دیگه هیچی یادم نمیاد... مسعود. عجیب نیست؟"

"چرا خیلی عجیبه... ولی حالا پاشو مینو جون، پاشو یه دوشی بگیر، یه دستی به سر وُ روت بکش وُ برو پایین ببین مامانِت کمک احتیاج نداره... من باید دیگه برم، داره دیرم میشه امروز شد روزِ بیکاری... یه روزِ آزاد."

"پس از صبح تا حالا چی می‌کردی؟"

"از صبح تا حالا؟ مینو جون، دیگه هیچ‌وقت این سؤال رو از کسی نپرسی، ها! "

"چرا؟"

"واسه این‌که بهِت می‌خندن."

"واسه چی بِهم بخندن؟ مگه من چی گفتم؟"

"واسه این‌که مردم ریختن توی خیابانونا و شده قیامتِ کُبری، اون‌وقت تو این‌جا گرفتی خوابیدی و می‌پرسی؛ از صبح تا حالا چی می‌کردی؟"

"مگه چه خبر شده؟"

"چه می‌خواستی که نشه؟ مردم مجسمه‌ی شاه رو کشیدن پایین. تو این جا نشستی قصّه می‌بافی؟"

"کجا؟"

"کجا؟ خُب معلومه توی میدونِ شاه. خودم اون‌جا بودم. با همین پوتینام رو هم‌چین زدم توی سرش؟"

"توی سرِ مجسمه؟"

"آره. توی فرقِ سرِ مجسمه."

"که چی بشه؟"

"که جون بگیره، بره بالای دار."

"رفت بالای دار؟"

"میره. به زودی. حالا نره. فردا میره... خانمی، حالا لطفاً دستت رو دراز کن کلیدام رو بده. زیرِ فرشه زیرِ سرت."

"کلیدات؟"

"آره بابا کلیدام. اگه یه کمی تکون بخوری و گوشه‌ی فرش رو بالا ببری می‌بینیشون."

"کلیدای تو، زیرِ سرِ من"

"شایدم زیرِ تنِت."

"زیرِ تنم؟ پس چرا چیزی حس نمی‌کنم؟"

"دست وَردار، خانمی! تو هم که امروز انگاری تُو باغ نیستی... یه تکون بخور، بلندش کن... می‌بینیشون."

"چی؟ این که کلید نیس، یه مشت اعلامیه‌اس؟"

"پس می‌خواستی چی باشه، خانم خوشگله. گفتم که تو باغ نیستی... عزیزم. حالا دیگه باید برم... و تو هم بلند شو برو سراغِ مادرت... و اینقده ... خودتو به کوچه علی چپ نزن! "

"مسعود!"

"چیه؟"

"دوستم داری؟"

"خب معلومه."

"خیلی؟"

"خیلی. "

"چقِده؟"

"قد یه فیل."

"فیل نه. فیل خوب نیست. فیل قدِ یه مورچه‌اس. یه کسی اونو بزرگ کرده، شده قد یه فیل، یه زن، یعنی زن، نه. روحِ یه زن."

"معلومه چی داری میگی؟ فیل کوچیکه. مورچه بزرگه...."

"فیل کوچیک نیست ولی من رو به یادِ مورچه‌های توی سر... نه... نه... قطار بهتره."

"خُب باشه. باشه... تو ما رو امروز دست انداختی. حالا یه بوس بده تا برم."

"مسعود."

"چیه؟"

"اگه دوسم داری... قدِ یه قطار... پس؟"

"پس چی؟ دنبالِ صفِ قطارِ آدما نَرَم... میخوای تو هم حرفای مادرت رو تکرار کنی؟"

"نه. نه... فقط خواستم بگم اگه این دفعه مجسمه‌ای رو پایین کشیدی با پوتین نزن تُو سرش. شاید دردش بیاد. شایدم میخ داشته باشه بره تُو پات. "

"حرفایی میزنی ها، میخ؟ پوتینام؟"

"آره، از پوتینات."

"منو سرِکار گذاشتی؛ دختر بلا؟ باید برم... یه قرار دارم... داره دیرم میشه... راستی... یه چیز یادت نره؟"

"اگه یه بلایی سرم اومد، نری بشی زنِ اون موبوره‌ی بی‌نمک..."

"مسعود؟"

"دیگه چیه؟"

"از قدیم گفتن؛ بادمجونِ بم... اما نه، شوخی به‌کنار... من نگران پاهاتم... و میخِ سرِ مجسمه... به پوتینات یه نیگایی بکن، سوراخ ندارن؟"

"گفتم که منو سرِکار گذاشتی... ها. دیگه تمومِش کن، که..."

"که چی؟"

"که حالا صدای مادرت هم دراومد... حالا خیال میکنه این بالا یه خبراییه. گوش کن داره میاد بالا. صدای پاشو می‌شنفی؟ (کلیدات رو پیدا نکردی؟ مسعود خان، پسرم) می‌شنفی مینو؟ وای از دستِ این مادر زن."

"هیس، می‌شنفه."

"خُب پس دیگه خداحافظ. اما یادت باشه، امشب اگه دوباره سر از فرنگستون دراوُردی و خواستی زنِ اون مردبوره بشی، یه فکر به حالِ منم بکن وُ یکی از اون جنسِ دوّمیای موبور واسه ما هم پست کن. آخه زنی گفتن، معرفتی گفتن."

"اگه تو هم قول بدی با پوتین تُو سرِ کسی نزنی."

"قول بدم؟ از دیشب تا حالا چی شده اینقده دل‌نازک شدی، خانمی، که حالا حتی دلِت واسه یه تیکه فلز هم می‌سوزه. بابا... گفتم که فقط یه مشت فلز بود وُ منم با پوتین زدم توی سرش. همین. توی سرِ یه مجسمه... نه توی سرِ یه آدم... تازه اون خائن اگه آدم بود که مملکت به این روز نمی‌اُفتاد..."

"مسعود؟"

"دیگه چیه؟"

"میدونم دیرت شده ... اما فقط یه چیز یادت باشه..."

"چی؟ خانمی ..."

"فقط خواستم بگم دیگه هیچ‌وقت به من نگو خانمی، منو یادِ شیرین وُ فرهاد میندازه."

"باشه خانمی... اگه قول بدی حالا از خواب بیدار شی. بعد از اینَم خوابای هَچل‌هفت نبینی وُ دلت واسه‌ی عالم و آدم نسوزه. بعد از اینَم قلم و خوابات را بندازی دور، که ما هرچی می‌کشیم از دستِ این قلم می‌کشیم خانمی..."

"آهان! که این‌طور... مسعود!"

"دیگه چیه؟"

"هیچی... خواستم بگم؛ برو! برو، هر کار میخوای بکنی، بکن. بر فرقِ سر هر مجسمه‌ای خواستی، بکوب. بزن، بکوب! بزن وُ بکوب! تا تو برگردی، با اون پوتینای پاره و کف پای زخمی، منم این گوشه می‌شینم وُ سرمو با همین خوابا و این قلم گرم می‌کنم. امّا یادت باشه، رنگِ خون هیچ‌وقت عوض نمیشه. مگه وقتی می‌خشکه. به کفِ پاهات نیگا کن! "

دیری‌است از ساعتِ خون گذشته. مینو دیگر خودش نیست. دلش شور می‌زند. چشم‌ها شتابِ دیدن دارند. شتابِ نگاه. پلک برهم می‌زند. می‌بیند سی سال گذشته است، در سیاهی و سکوت بر روی صحنه‌ای تاریک و شیشه‌ای. کفش‌ها را از پا در می‌آورد. با نوکِ پا از صحنه می‌آید پایین. به اطراف نگاهی می‌اندازد. کفش‌ها را در گوشه‌ی روشنی جفت می‌کند روی زمین، و به‌خود بازمی‌گردد. به سمتِ تاریکِ صحنه.

پرده‌ی مخملیِ قرمز درحالِ پایین آمدن است. مینو دورخودش چرخی می‌زند و می‌ایستد. حالا پرده تا شانه‌ها رسیده‌است. سر را خم می‌کند و به دنبالِ نرمه‌ی نوری به هر سوی سرک می‌کشد. ناگهان شش خاتون و شش عروس می‌بیند که گِردِ پوتین‌های سوراخ سوراخ مسعود حلقه در تاریکی زده‌اند. خاتون‌ها شاخه گلِ سرخی در آن گلدان دوقلو می‌گذارند. مینو سایه‌ی خاتون‌ها را می‌بیند. با ظرافت دارند ساقه‌ی گل را از وسط به دو نیمه می‌کنند. نیمه‌ای برای هر پوتین.

مینو نزدیک می‌شود دُلا دُلا، آهسته وُ آرام. شش خاتون و شش عروس به نرمی از او دور می‌شوند. مثلِ پرده‌ی ابریشمی در باد. کنارِ پوتین‌ها می‌نشیند. آن‌ها را برمی‌دارد و می‌گذارد روی زانوان. گیس‌های بافته را باز می‌کند. تارهای مو آهسته آهسته به شکلِ پیچ‌شبدر تاب برمی‌دارند دورتنش. پیچ‌شبدر بالا می‌گیرد و بر گِردش هاله‌ای می‌شود زرد. مثلِ گل‌های آفتابگردان. خورشیدی از یک فصل.

پوتین‌ها را در آغوش می‌گیرد. می‌گوید: "مسعود، این گل سرخ بوی تو رو میده."

گلِ در شکافِ خود خم می‌شود و پرده مثلِ شرابه‌ای خونین صحن و صحنه را می‌پوشاند.

سالن از صدای کف زدن‌ها خالی است.

چند توضیح

System/systembolaget	مشروب فروشیِ دولتی.
Tensta	از محله های خارجی نشینِ شمال استکهلم.
Arabdalen	درّه‌ی عرب‌ها. اشاره به منطقه‌ای در شمال غربیِ استکهلم است. این محّل بنا به تعداد سکنه‌ی عرب زبان به این نام مشهور شده است.
Tusen thanks. See you!	خیلی متشکرم. به امید دیدار
You are welcome. Take care Tobias. My dotter Nazanin needs you.	خوش آمدی. مواظبِ خودت باش توبیاس. دخترم نازنین به تو احتیاج داره.
SFL	کلاس زبان سوئدی برای خارجی‌ها.
NK	یک فروشگاه بزرگ و معروف.
Stadshuset	ساختمانِ شهرداری.
۱۱۲	شماره‌ی تلفن های اضطراری، هنگام بروز اتفاقات.
Kista	نام یک منقطه و یک مرکز خرید واقع در غرب استکهلم است.
ABF	مترادف با خانه‌ی فرهنگ و ادبیات. این بینان علاوه بر ترتیب دادنِ فعالیت‌های فرهنگی –ادبی، کمک‌های مالی به سازمان‌هایی که به فعالیت‌های فرهنگی – ادبی مشغولند می‌کند.
Svettis Och Fritids	یک گروه مربیِ نرمش‌های بدنی
Onoff – Duka – Intersport – IKEA	نام چند مغازه در استکهلم/سوئد
Barkarby	یکی از مراکز خرید در شهر استکهلم

Sergelstorg	یک میدان مشهور در مرکز شهر استکهلم
Karolinska sjukhuset	بیمارستانی است در شهر استکهلم.
Dad…please give me a little water	پدر... لطفاً به من کمی آب بدهید!
You must be careful!	تو باید مواظب باشی!
Do you want go? From me?	می‌خواهی بروی؟ از پیشِ من؟